Athena Karagouni-Rehrmann

Griechisch
von A bis Ω

Für Carolina...

Bibliografische Information der Deutschen Bibliothek

Die Deutsche Bibliothek verzeichnet diese Publikation in der Deutschen Nationalbibliografie; detaillierte bibliografische Daten sind im Internet über

http://dnb.ddb.de abrufbar.

Lektorat: Sabine Chelmis M.A., Linguistin und Germanistin

Gestaltung: Evgenia Papaioannou

Zeichnungen: Igor Voronin

ISBN: 978-3-95978-013-1

Inhaltsverzeichnis

Lieber Leser, liebe Leserin

Sie haben ein Übungsbuch in der Hand, mit dem Sie Ihre Griechischkenntnisse spielerisch testen und verbessern können.

Das Buch ist die Frucht meiner fünfundzwanzigjährigen Unterrichtserfahrung als Neugriechischlehrerin in Volkshochschulen und an Universitäten.

Bevor Sie damit beginnen, beachten Sie bitte einige Hinweise.

Die Übungen wurden mit dem Ziel verfasst, Ihre schon vorhandenen Sprachkenntnisse zu prüfen und zu vertiefen. Dabei geht es einmal um Bereiche der Grammatik, die Lernenden oft Schwierigkeiten machen und zum anderen um Ausdruckformen (Redewendungen, Kommunikationsformen, etc.).

Das Buch ist somit kein Buch für Anfänger.

Sie können mit dem Buch nur dann etwas Sinnvolles anfangen, wenn sie etwa 5 bis 6 Griechischkurse (Volkshochschulsemester) besucht haben, oder eine zeitlang in Griechenland verbracht haben, die Sprache eher spontan gelernt haben und deswegen verschiedene Regeln nicht verstehen bzw. nicht einordnen können. Darüber hinaus sollten Sie mit den elementaren Regeln der Grammatik und mit den wichtigsten grammatischen Begriffen vertraut sein. Das ist notwendig, damit Sie die Erklärungen für die Lösungen verstehen können.

Im Buch ist die Grammatik einfach formuliert; an verschiedenen Stellen auch sehr 'praktisch' erklärt - nicht wie in offiziellen Grammatikbüchern. Ich habe versucht so viel wie möglich (die wesentlichen) grammatischen Regeln aufzuzeigen, obwohl das ganze grammatische Spektrum wie auch einige Feinheiten der Sprache nicht vertreten sind.

Bei den Lösungen habe ich nicht nur die richtige Antwort angegeben, sondern auch erklärt, warum es so ist oder warum andere Möglichkeiten ausgeschlossen sind.

Der erste Teil des Buches besteht aus zwanzig Einheiten. Die ersten Kapitel sind relativ leicht. Hier geht es um einfache

Formulierungen in der alltägliche Sprache. Etwa ab dem sechsten Kapitel fangen Passiv, Reflexiv und Aorist (Präteritum) an. Den sollten Sie, auch wenn Sie ihn noch nicht richtig beherrschen, bereits einigermaßen verstanden haben.

Die Kurzdialoge zwischen den Einheiten dienen dazu, die alltäglichen Ausdrücke zu üben und gleichzeitig alltägliche Situationen darzustellen – so wie sie öfter vorkommen.

Nur die zwei letzten Einheiten (Kapitel 19 und 20) enthalten Texte, die im Vergleich mit den vorigen Übungen deutlich schwieriger sind und verlangen gute Griechischkenntnisse. Sie nähern sich dem Niveau eines durchschnittlich gebildeten Muttersprachlers an. Seien Sie also nicht gleich enttäuscht, wenn Sie noch nicht so weit sind.

Der zweite Teil des Buches enthält eine Verbentabelle mit den wichtigsten alltäglichen Verben in Präsens, Vergangenheit, Zukunft und Befehlsform, die Ihnen u.a. bei der Bildung der verschiedenen Zeiten helfen sollen. Diese Tabelle dient insbesondere als Führer durch die verschiedenen Zeiten und Modi, die erfahrungsgemäß große Schwierigkeiten bereiten. Am Ende eines jeden Verbs findet sich eine deutsche Übersetzung.

Ich habe versucht, die grammatischen Erklärungen so einfach wie möglich zu halten, in der Regel vom Standpunkt eines/er Deutschsprachigen aus. Einige grammatische Regeln kommen in unterschiedlichen Übungen vor. Im Kapitel „Grammatische Erklärungen“ habe ich versucht, die wichtigsten Begriffe so kurz, plastisch und praktisch wie möglich zu erklären.

In der Hoffnung Ihnen hier ein inspirierendes und spannendes Übungsbuch zu bieten wünsche ich Ihnen

Καλή μελέτη!

Teil 1

Übungen | Dialoge | Texte

01 πρώτη ενότητα

1. **Τι είναι σωστό;**
   Ο Φραντς μιλάει γερμανικά και λίγο...

α) έλληνα
β) Ελλάδα
γ) ελληνικό
δ) ελληνικά

2. **Τι είναι σωστό;**
   «Μήπως ξέρετε πού είναι ______;»

α) ο σταθμό
β) τον σταθμό
γ) ο σταθμός
δ) το σταθμός

3. **Τι είναι σωστό;**

α) Δίνω στον Κώστα την ασπιρίνη.
β) Δίνω η ασπιρίνη στον Κώστα.
γ) Δίνω το Κώστα την ασπιρίνη.
δ) Δίνω στον Κώστας την ασπιρίνη.

ΛΥΣΕΙΣ ΠΡΩΤΗΣ ΕΝΟΤΗΤΑΣ

- *1.δ ελληνικά (griechisch)*
  Merke: Sprachen stehen im Griechischen immer im Neutrum Plural, z.B.: γερμανικά, ελληνικά, etc.
- *2.γ. ο σταθμός;*
  Es handelt sich um das Subjekt des Satzes, das immer im Nominativ steht.
- *3.α. δίνω στον Κώστα την ασπιρίνη*
  δίνω + Akkusativ (την ασπιρίνη), σε + Akk. (σε + τον = στον) Κώστα.
  Maskulina (Namen und Substantive) verlieren im Akkusativ den Endlaut -s (τον Κώστα).

4. Τι είναι λάθος;

α) «Έχετε τηλέφωνο;»
β) «Τί γιά ένα τηλέφωνο έχετε;»
γ) «Τι τηλέφωνο έχετε;»
δ) «Πού έχετε το τηλέφωνο;»

5. Ποιό είναι το σωστό;

α) «Από πού είσαι, Κώστα;»
β) «Από είσαι Κώστας;»
γ) «Από πού είσαι ο Κώστας;»
δ) «Από πού είσαι ο Κώστα;»

6. Ποιά είναι η σωστή απάντηση: «Έχεις μαζί σου διαβατήριο;»

α) Όχι δεν
β) Όχι έχω
γ) Δεν όχι
δ) Όχι

7. Ποιό είναι το σωστό;

α) Το πρωί πίνω ποτέ κρασί.
β) Ποτέ πίνω το πρωί κρασί.
γ) Δεν ποτέ πίνω το πρωί κρασί.
δ) Δεν πίνω ποτέ το πρωί κρασί.

- *4.β. Richtig wäre: τι τηλέφωνο έχετε;*
  Den Ausdruck „Was für ein..." gibt es im Griechischen nicht.
  *Man benutzt einfach **τί** wie in γ.*
- *5.α. Από πού είσαι, Κώστα;*
  Der Vokativ (Rufform) wird ohne Artikel und ohne -s gebildet.
- *6.δ. Όχι. Όχι kann als Antwort allein stehen. In einer ausführlichen Antwort muss δεν vor dem Verb verwendet werden, z.B.: όχι, δεν έχω; όχι, δεν θέλω*
- *7.δ. Δεν πίνω ποτέ το πρωί κρασί.*
  Merke: Bei ποτέ, καθόλου, τίποτα, κανένας-καμία-κανένα etc., muss man zusätzlich δεν (doppelte Negation) verwenden, wenn man einen vollständigen Satz bilden möchte. Bei der Kurzantwort jedoch nicht: -Πίνεις κρασί το πρωί; -Ποτέ oder -Οχι, ποτέ.
  γ ist nicht richtig, weil die Negation δεν vor dem Verb stehen muss.

8. Τί είναι σωστό;
α) Στο χειμώνα και στην άνοιξη κάνει κρύο.
β) Το χειμώνα και την άνοιξη κάνει κρύο.
γ) Στο χειμώνας και στην άνοιξη κάνει κρύο.
δ) Το χειμώνας και στη άνοιξη κάνει κρύο.

9. Ποιό είναι το σωστό;
α) Είναι από τον Καναδά και μένουν στην Αθήνα.
β) Είναι από στον Καναδά και μένουν στην Αθήνα.
γ) Είναι από τον Καναδάς και μένουν την Αθήνα.
δ) Είναι στον Καναδά και μένουν από την Αθήνα.

10. Τί δεν είναι ευγενικό;
α) Έλα εδώ φίλε μου!
β) Έλα εδώ κύριε Γιάννη!
γ) Έλα εδώ σε παρακαλώ!
δ) Έλα εδώ ρε!

11. Τί είναι λάθος;
α) Τό απόγευμα θα πάμε για μπάνιο και στις 9 το βράδυ θα πάμε σινεμά.
β) Απόψε στο βράδυ θα πάμε σε μία ταβέρνα γιά φαγητό.
γ) Τα σχολεία ανοίγουν τον Σεπτέμβρη.
δ) Τα μαγαζιά ανοίγουν την Τετάρτη στις 8.30 το πρωί και κλείνουν στις 2.00 το μεσημέρι.

❖ *8. β. Το χειμώνα και την άνοιξη κάνει κρύο.*
Angaben von Zeiträumen bzw. Zeitpunkten wie im April, am Mittwoch, im Winter, etc. stehen im Griechischen immer im Akkusativ und ohne Präposition, ***τον Απρίλη, την Τετάρτη, τον χειμώνα, το βράδυ,*** *etc.)*
Dies gilt allerdings nicht für Datum und Uhrzeit: στις 26.10., στις πεντέμισι
❖ *9.α. Είναι από τον Καναδά και μένουν στην Αθήνα.*
από + Akkusativ (Akk. Maskulin: τον + Endung ohne ς), β: από στον sind zwei verschiedene Präpositionen, die nicht zusammengehören. In sofern ist dies falsch.
❖ *10.δ. 'Ελα εδώ ρε!*
ρε ist ein Anhängsel der Umgangsprache. Unter Freunden ist es ein Ausdruck von Ungezwungenheit und Lässigkeit.

12. Τί είναι ένα λουλούδι πριν ανοίξει (bevor die Blüte sich öffnet);

α) κοτσάνι
β) φύλλο
γ) μπουμπούκι
δ) κλαδί

13. Πώς είναι ο Πληθυντικός (Plural): «ο γοητευτικός άντρας»;

α) οι γοητευτικοί άντροι
β) οι γοητευτικές άντρες
γ) οι γοητευτικοί άντρες
δ) οι γοητευτικές άντροι

14. Τι είναι λάθος;

α) Το σπίτι είναι ζεστός.
β) Τα μακαρόνια είναι έτοιμα.
γ) Η μπύρα δεν είναι νόστιμη ούτε κρύα.
δ) Ο Κώστας δεν είναι όμορφος, είναι όμως πλούσιος.

15. Α: «Θα είναι αύριο κάποιος εδώ;» Β: «Ίσως»
Τι σημαίνει ίσως;

α) δεν είμαι βέβαιος
β) κάποιος
γ) αδύνατον
δ) ναι, θα είναι

Bei Fremden oder in aggressivem Ton kann es sehr beleidigend wirken. Vermeiden Sie es lieber, wenn Sie sich nicht sicher sind, ob es richtig ankommt.

❖ *11.β. Richtig wäre: Απόψε το βράδυ. Siehe auch Übung 8.*

❖ *12.γ. το μπουμπούκι (Knospe)*
το κοτσάνι = Stiel, Stängel, το φύλλο = Blatt, το κλαδί=Zweig

❖ *13.γ. οι γοητευτικοί άντρες*
Substantive sowie Adjektive auf -ος bilden den Plural auf -οι.
Substantive auf -ας bilden den Plural auf -ες.

❖ *14.α. Richtig wäre: Το σπίτι είναι ζεστό.*
Richtig ist ζεστό, weil das Bezugswort το σπίτι im Neutrum steht.
(Adjektive haben meist im Neutrum Singular die Endung –ο)

❖ *15.α. δεν είμαι βέβαιος*

02 δεύτερη ενότητα

1. Γυρίζω στο σπίτι ___ τις 5, τρώω κάτι, και ___ διαβάζω την εφημερίδα.

α) κατά - έπειτα
β) προ - πρίν
γ) αργά - μετά
δ) στις - πότε

2. Ποιά απάντηση είναι λάθος; «Πόσον καιρό είσαι εδώ;»

α) από το 2004
β) από τις έξι και μισή
γ) από Μάρτιοs
δ) από την Τρίτη

3. Τί εννοεί ο Β; Α: «Πού είναι ο Γιάννης;» Β: «Ξέρω 'γω;»

α) Εγώ ξέρω σίγουρα.
β) Εγώ δεν ξέρω.
γ) Εγώ είμαι ο Γιάννης.
δ) Εγώ δεν καταλαβαίνω.

ΛΥΣΕΙΣ ΔΕΥΤΕΡΗΣ ΕΝΟΤΗΤΑΣ

- *1.α. κατά - έπειτα*
  κατά =gegen, έπειτα= μετά.
- *2.γ. Richtig wäre: από το Μάρτιο.*
  Beginnt die Frage mit πόσο καιρό, oder πόση ώρα, folgt die Antwort mit από + Akkusativ.
  O Μάρτιος gilt als Eigenname. Eigennamen bekommen immer einen Artikel.
- *3.β. εγώ δεν ξέρω. Umgangssprachlicher Ausdruck.*

4. Ποιό είναι το αντίθετο του φίλος;

α) εχθρός
β) συνάδελφος
γ) γνωστός
δ) σύντροφος

5. Ποιά φράση είναι λάθος;

α) Συγνώμη, μήπως υπάρχει καμία τράπεζα εδώ κοντά;
β) Μήπως ξέρετε αν υπάρχει καμιά τράπεζα εδώ κοντά;
γ) Ξέρετε αν υπάρχει μία τράπεζα εδώ κοντά;
δ) Συγνώμη, μήπως αν υπάρχει μία τράπεζα εδώ κοντά;

6. Ποιά φράση είναι σωστή;

α) «Πόσος καιρός είστε εδώ;»
β) «Τί καιρός είσαι εδώ;»
γ) «Πόσον καιρό είσαι εδώ;»
δ) «Τί γιά καιρός είστε εδώ;»

7. Τί είναι σωστό;

α) Δεν βλέπω κανέναν.
β) Βλέπω κανέναν.
γ) Βλέπω δεν κανέναν.
δ) Δεν κανέναν βλέπω.

❖ *4.α. εχθρός (Feind)*
συνάδελφος = Kollege/in, γνωστός = Bekannter
σύντροφος = Gefährte, Kamerad, Genosse

❖ *5.δ. Richtig wäre: μήπως υπάρχει…*
μήπως+αν gehen nicht zusammen.
Merke: Man kann bei Fragen die Worte κανένας-καμία-κανένα genauso wie ένας- μία-ένα verwenden.

❖ *6.γ. Πόσον καιρό είσαι εδώ;*
πόσον καιρό (seit wann, wie lange) steht immer im Akkusativ

❖ *7.α. Δεν βλέπω κανέναν.*
Merke: Bei den Wörtern κανένας-καμία-κανένα wie auch τίποτα, καθόλου, etc. muss zusätzlich die Negation δεν und zwar vor dem Verb stehen.

8. Ποιά φράση είναι λάθος;

α) «Βλέπεις τη Μαρία;» - «Ναι, τη βλέπω».
β) «Έχεις το γράμμα;» - «Ναι, την έχω».
γ) «Θέλεις το παγωτό;» - «Ναι, το θέλω».
δ) «Περιμένεις τα παιδιά;» - «Ναι, τα περιμένω».

9. Γράψτε τις καταλήξεις (Endungen).

α) Ο Γιώργος είναι όμορφ____.
β) Τα παιδιά είναι έτοιμ____.
γ) Η πόρτα ειναι ανοιχτ____.
δ) Το ξενοδοχείο είναι φτην____.

10. «Ορίστε η ασπιρίνη» σημαίνει:

α) κάποιος ζητάει μία ασπιρίνη
β) κάποιος θέλει μία ασπιρίνη
γ) κάποιος παίρνει μία ασπιρίνη
δ) κάποιος δίνει μία ασπιρίνη

11. Ποιά φράση είναι σωστή;

α) «Θέλεις έναν ελληνικόν καφές;»
β) «Θέλεις έναν ελληνικόν καφέ;»
γ) «Θέλεις ένας ελληνικός καφές;»
δ) «Θέλεις ένας ελληνικός καφέ;»

❖ *8.β. Richtig wäre: Ναι, το έχω.*
weil das Pronomen (το) sich auf γράμμα (Neutrum) bezieht.

❖ *9. α) –ος β) –α γ) –ή δ) -ό.*

❖ *10.δ. κάποιος δίνει μία ασπιρίνη*
Ορίστε wird verwendet, wenn man etwas anbietet (hier..., bitte schön). Als Frage bedeutet es: „Wie bitte?"

❖ *11.β. Θέλεις έναν ελληνικόν καφέ;*
θέλω + Akkusativ. Der unbestimmte Artikel (hier έναν) kann auch weggelassen werden.

❖ *12. α) -η, -α, β) -α, -α γ) -α, δ) -η, -η.*
Die weiblichen Adjektive haben die Endung -α, -η. Die Endung -α folgt auf einen Vokal, z.B. νέα, πλούσια.

12. Γράψτε τις καταλήξεις (Endungen):

α) Η άσπρ____ μπλούζα είναι καινούρι____.
β) Η γυναίκα του είναι νέ____ και ωραί____.
γ) Η θεία μου είναι πλούσι____.
δ) Η φίλη του είναι έξυπν____ αλλά λίγο χοντρ____.

13. Ποιά φράση είναι σωστή;

α) Θα είμαστε στην Ελλάδα σε τρις μέρες.
β) Θα είμαστε στην Ελλάδα σε τρία μέρες.
γ) Θα είμαστε στην Ελλάδα σε τρεις μέρες.
δ) Θα είμαστε στην Ελλάδα στις τρία μέρες.

14. Τί είναι λάθος;

α) «Μήπως υπάρχει κανένα ταβέρνα εδώ κοντά;»
β) «Μήπως υπάρχει κανένα σούπερ μάρκετ εδώ κοντά;»
γ) «Μήπως υπάρχει κανένα βενζινάδικο εδώ κοντά;»
δ) «Μήπως υπάρχει κανένα σινεμά εδώ κοντά;»

15. Τί μπορούμε να αγοράσουμε στο φούρνο;

γιαούρτι	τυρόπιτα	κουλουράκια	μπίρες
ψωμί	ελιές	φρυγανιές	φρούτα,
πετσέτες	ψάρι	οδοντόπαστα	νερό,
γάλα	γλυκίσματα	εφημερίδες	παγωτά,
σεντόνια	λαχανικά	αλεύρι	παπούτσια

❖ *13.γ. Θα είμαστε στην Ελλάδα σε τρεις μέρες.*
Die Zahlen τρεις und τέσσερις beziehen sich auf feminine wie maskuline Substantive (μέρες, άνδρες). Τρία bezeichnet ein Neutrum.

❖ *14.α. Richtig wäre: καμία ταβέρνα.*
ταβέρνα ist feminin, σινεμά ist Neutrum auf -μα

❖ *15. Für gewöhnlich: Ψωμί, φρυγανιές, κουλουράκια, τυρόπιτα, γλυκίσματα.*
Seit einigen Jahren kann man dort auch einige Grundnahrungsmittel erhalten wie Milch, Eier, Getränke oder auch Eis
κουλουράκια = Kleingebäck • τυρόπιττα = Blätterteigtaschen mit Schafskäsefüllung • φρυγανιές = Zwiebäcke • πετσέτες = Handtücher • οδοντόπαστα = Zahnpasta • γλυκίσματα = Süßigkeiten • σεντόνια = Bettwäsche • λαχανικά = Gemüse

03 τρίτη ενότητα

1. «Άχ, αυτός ο Γιάννης! Πάλι δεν ήτανε ________________ και χάσαμε το τραίνο!»

α) στη σκέψη του
β) στο χρόνο του
γ) στην ώρα του
δ) μαζί του

2. «Σε παρακαλώ, __________ βοηθάς λίγο να βγάλω το παλτό μου;»

α) με
β) μου
γ) εμένα με
δ) εμένα μου

3. Το αντίθετο του συμπαθητικός(-ή,-ό) είναι:

α) παθητικός(-ή, -ό)
β) ασυμπαθητικός(-ή, -ό)
γ) συνσυμπαθητικός(-ή, -ό)
δ) αντιπαθητικός(-ή, -ό)

ΛΥΣΕΙΣ ΤΡΙΤΗΣ ΕΝΟΤΗΤΑΣ

- *1.γ. στην ώρα του = er ist rechtzeitig da, bzw. er ist pünktlich.*
  Die Possessivpronomen weisen die Person aus: z.B. στην ώρα μας = wir sind pünktlich.
- *2.α. με*
  Βοηθάω κάποιον (Akkusativ)
- *3.δ. αντιπαθητικός(-ή, -ό)*
  α: leidenschaftlich, pathetisch. β und γ gibt es nicht.

4. «και του χρόνου» ευχόμαστε:

α) σε γάμο
β) σε κηδεία
γ) σε γενέθλια
δ) σε αρρώστια

5. «Τί ώρα είναι;» Ποιά απάντηση είναι σωστή;

α) τρία ακριβώς
β) τέσσερα
γ) τρείς ακριβώς
δ) τέσσερα ακριβώς

6. Ο Γιαννάκης είναι λίγο γκρινιάρης και συνήθως τρώει ξύλο από τα αδέλφια του. Τι σημαίνει *τρώει ξύλο*;

α) Τα αδέλφια του μαγειρεύουν ξύλο για φαγητό.
β) Τα αδέλφια του τον κοροϊδεύουν.
γ) Δέν τρώει τίποτα για φαγητό.
δ) Τα αδέλφια του τον δέρνουν.

7. Ενα αεροπορικό ταξίδι στην Ελλάδα κοστίζει 453 ευρώ. Τι είναι σωστό;

α) τετρακόσια πενήντα τρία
β) τετρακόσια πενήντα τρεις
γ) τετρακόσιες πενήντα τρεις
δ) τετρακόσιες πενήντα τρία

❖ *4.γ. "και του χρόνου" bedeutet: aus demselben Anlass wieder im kommenden Jahr feiern zu können. Es wäre daher peinlich, bei Hochzeiten, Beerdigungen oder Krankheiten diesen Ausdruck zu benutzen.*

❖ *5.γ. τρείς ακριβώς*

Merke: Die Zahlen 3 und 4 stehen im Griechischen immer im Neutrum, wenn sie allein stehen. Ansonsten richtet sich ihr Geschlecht nach dem des Substantivs, auf das sie sich beziehen. Hier: τρεις (οι ωρες) Fem.

	Maskulin/Feminin	*Neutrum*
Nominativ/Akkusativ	*τρεις/τέσσερις*	*τρία/ τέσσερα*
Genitiv	*τριών/τεσσάρων*	*τριών/τεσσάρων*

❖ *6.δ. Τα αδέλφια του τον δέρνουν.*

❖ *7.α. τετρακόσια πενήντα τρία. Der Euro ist auf Griechisch ein Neutrum: το ευρώ.*

8. Ένα δίκλινο δωμάτιο είναι:

α) ένα δωμάτιο με μπάνιο
β) ένα δωμάτιο με μπαλκόνι
γ) ένα δωμάτιο με θέα
δ) ένα δωμάτιο με 2 κρεβάτια

9. Τί ρωτάει ο Α;
Α: «_________» Β: «Όχι, δεν τον καταλαβαίνω.»

α) Καταλαβαίνεις τον καθηγητή;
β) Καταλαβαίνεις τους καθηγητές;
γ) Καταλαβαίνεις ο καθηγητής;
δ) Καταλαβαίνεις καθηγητή;

10. Η δασκάλα μας είναι ____ και ____.

α) νέα και ωραίn
β) νέn και ωραίn
γ) νέα και ωραία
δ) νέn και ωραία

11. Τί απαντάει ο Β;
Α: «Με συγχωρείτε, πού είναι η ταβέρνα 'ο καλοφαγάς';»
Β: «______________________________.»

α) Δυό-τρία τετράγωνα παρακαλώ
β) Δυό-τρία τετράγωνα πάρα κάτω
γ) Δυό-τρία τετράγωνα πάρα μπροστά
δ) Δυό-τρία τετράγωνα πάρα πολύ

❖ *8.δ. ένα δωμάτιο με 2 κρεβάτια*
η κλίνη = das Bett (Altgriechisch)

❖ *9.α. Καταλαβαίνεις τον καθηγητή;*
Der Artikel im Akkusativ Singular Maskulinum lautet: τον (den)

❖ *10.γ. νέα και ωραία*
Merke: Die Adjektive, die vor der letzten Silbe einen Vokal haben, bilden die Endung im Femininum auf -α

❖ *11.β. Δυό-τρία τετράγωνα πάρα κάτω*
πάρα κάτω=weiter (unten)

12. Θα είμαι στο γραφείο μου ____ 08:00 το πρωί.

α) στις
β) στης
γ) στην
δ) τις

13. Απαντήστε στην ερώτηση:
«Πόσον καιρό είσαι εδώ;» «Εδώ και __________.»

α) ένας μήνας
β) ένα μήνας
γ) από έναν μήνα
δ) ένα μήνα

14. Ο Αντρέας είναι πολύ ωραί____ άντρας, αλλά δυστυχώς είναι παντρεμέν____.

α) ωραίας - παντρεμένος
β) ωραίος - παντρεμένης
γ) ωραία - παντρεμένη
δ) ωραίος - παντρεμένος

15. «__________ μπίρες θέλετε;»

α) Πόσα
β) Πόσες
γ) Πόσους
δ) Πόσο

❖ *12.α. στις= um (σε + τις = στις, Akkusativ Plural). Nur bei ein Uhr heißt es στη μία (μία ώρα).*

❖ *13.δ. ένα μήνα*
Die Antwort auf πόσον καιρό (Akkusativ) steht ebenfalls im Akkusativ
εδώ και=seit

❖ *14.δ. ωραίος - παντρεμένος*
Maskuline Adjektive enden fast immer auf -ος.

❖ *15.β. Πόσες*
Feminina auf –a oder -η bilden den Plural auf -ες: μπύρα - μπύρες, γιορτή - γιορτές.

ΔΙΑΛΟΓΟΣ 1

Στο λιμάνι

- Συγνώμη, πάει γιά Πειραιά αυτό το πλοίο;
- Ναι, έχετε εισιτήρια; Φεύγει σε πέντε λεπτά.
- Ναι, έχουμε, ορίστε.
- Εντάξει παιδιά, ανεβείτε και βάλτε τα σακίδια εκεί δεξιά στις αποσκευές.

- *αυτό το: Demonstrativpronom*
  (αυτός ο, αυτή η, αυτό το dieser-diese-dieses)
- *ανεβείτε = Imperativ Plural von ανεβαίνω*
- *βάλτε = Imperativ Plural von βάζω*
- *σακίδιο = Rucksack*
- *αποσκευή (-ές) = Gepäck*
  hier: στις αποσκευές = in den Gepäckraum / in die Gepäckstelle

τέταρτη ενότητα 04

1. Τί λέει ο Β.;
Α: «Είμαι άρρωστη, έχω γρίππη.»
Β: «________________________.»

α) Να ζήσεις
β) Να τα εκατοστήσεις
γ) Περαστικά
δ) Χρόνια πολλά

2. «Κάνω μάθημα με _____ _____ _____.»

α) δύο έξυπνους μαθητές
β) δύο έξυπνοι μαθητές
γ) δύο έξυπνους μαθητούς
δ) δύο έξυπνοι μαθητοί

3. Τι κάνουμε στο περίπτερο;

α) αγοράζουμε ψάρια
β) κάνουμε διακοπές
γ) αγοράζουμε εφημερίδες
δ) παίρνουμε λεφτά

ΛΥΣΕΙΣ ΤΕΤΑΡΤΗΣ ΕΝΟΤΗΤΑΣ

❖ *1.γ. Περαστικά = gute Besserung*
α: zu Hochzeiten und Geburten, β: nur bei Geburtstagen, δ: zu feierlichen Anlässen wie religiösen oder nationalen Festen

❖ *2.α. δύο έξυπνους μαθητές (Sing. ο μαθητής)*
(με + Akk.). Die Endung -ος wird im Akkusativ-Plural zu -ους, die Endung -ης im Akkusativ-Plural zu –ες.

❖ *3.γ. αγοράζουμε εφημερίδες*

4. Φέτος θα πάμε διακοπές _____ _____.

α) η Κύπρος
β) στην Κύπρος
γ) στην Κύπρο
δ) την Κύπρο

5. Τι ώρα είναι;

α) τρία και τέταρτο
β) τρία παρά τέταρτο
γ) τρία-τέταρτα τρεις
δ) τρεις παρά τέταρτο

6. Πώς είναι ο πληθυντικός (Plural);
Βλέπω τη γελαστή γριούλα.

α) Βλέπω οι γελαστές γριούλες.
β) Βλέπω τις γελαστούς γριούλες.
γ) Βλέπω τις γελαστές γριούλες.
δ) Βλέπω τη γελαστή γριούλες.

7. Τι δεν μπορείτε να αγοράσετε στο περίπτερο;

καραμέλες	προφυλακτικά	σπίρτα
αντιβιοτικά	μπισκότα	βίδες
τσιγάρα	λάδι	τσίχλες
εφημερίδες	περιοδικά	φρούτα

❖ *4.γ. στην Κύπρο*
(σε+Akkusativ)
Feminina oder Maskulina auf -ος bilden den Akkusativ Singular auf -ο.

❖ *5.δ. τρεις παρά τέταρτο*
Nur τρεις ist richtig, denn η ώρα (Pl. ώρες) ist feminin.

❖ *6.γ. Βλέπω τις γελαστές γριούλες. (η γριούλα = nette alte Dame, "Altchen".)*
Der Artikel im Akkusativ Plural Femininum lautet: τις
Die Endung -η wird im Plural zu -ες, sowohl im Nominativ wie auch im Akkusativ.

❖ *7. Αντιβιοτικά (Antibiotika), φρούτα, λάδι, βίδες (η βίδα = die Schraube).*
Προφυλακτικά (Präservative) kann man sowohl in der Apotheke wie auch im Περίπτερο kaufen.

8. Ποιά φράση είναι λάθος; «Φέρτε μου παρακαλώ ____. »

α) μία μερίδα παϊδάκια
β) μία παϊδάκια
γ) έναν παϊδάκια
δ) ένα πιάτο παϊδάκια

9. Ποιό άρθρο (Artikel) ταιριάζει; Απόψε θα πάω με ____ φίλους μου σινεμά και μετά θα πάμε σ____ ουζερί του Θωμά.

α) τους - στην
β) τις - στον
γ) τους - στον
δ) τους - στο

10. Ποιό άρθρο ταιριάζει;
Εφέτος θα κάνουμε _____ καλύτερες διακοπές.

α) τις
β) τους
γ) τα
δ) οι

11. Ποιό άρθρο ταιριάζει;
Αυτές είναι _____ καλύτερες συσκευές.

α) τα
β) τις
γ) οι
δ) τους

❖ *8.γ.*
Man könnte auch lediglich „παϊδάκια“ (Lammrippchen) sagen.
β.: mit μία ist μερίδα gemeint

❖ *9.δ. τους - στο*
Ο φίλος ist maskulin, der Akkusativ Plural lautet: τους φίλους. Το ουζερί ist ein Neutrum (wie alle Nomen mit der Endung -ι).

❖ *10.α. τις*
Akkusativ Plural Femininum.

❖ *11.γ. οι*
Nominativ Plural, Feminina und Maskulina haben im Nominativ Plural den gleichen Artikel οι.

12. Ποιό άρθρο ταιριάζει;
Ο Αριστοτέλης είναι ο πατέρας _____ φιλοσοφίας.

α) του
β) της
γ) τα
δ) η

13. Τί ώρα φεύγει το δελφίνι γιά την Ύδρα;
Το δελφίνι είναι:

α) ψάρι
β) λεωφορείο
γ) τραίνο
δ) πλοίο

14. Γράψτε τα αντίθετα:

1. μεγάλος(-η, -ο) ____________
2. νέος(-α, -ο) ____________
3. ζεστός(-η, -ο) ____________
4. όμορφος(-η, -ο) ____________
5. ακριβός(-ή, -ό) ____________
6. χοντρός(-ή, -ό) ____________
7. ψηλός(-ή, -ό) ____________
8. άσπρος(-η, -ο) ____________

15. Τι ώρα είναι;

α) δώδεκα και τέταρτο
β) τέταρτο και δώδεκα
γ) τέταρτο μετά δώδεκα
δ) τέταρτο πριν δώδεκα

❖ *12.β. της*
Genitiv Femininum
Merke: Feminina auf -α (φιλοσοφία) und auf -η (γιορτή) bilden den Genitiv Singular auf -ας, bzw -ης.

❖ *13.δ. πλοίο = Schiff*
Hier handelt es sich natürlich nicht um den Fisch Delphin sondern um ein schnelles Shiff (flying dolphin).

❖ *14. 1.μικρός(-ή, -ό), 2. γέρος(γριά), 3. κρύος(-α, -ο), 4. άσχημος(-η, -ο), 5. φτηνός(-ή, -ό), 6. λεπτός(-ή, -ό), 7. κοντός(-ή, ό), 8. μαύρος(-η, -ό).*

❖ *15. α. δώδεκα και τέταρτο*
Im Griechischen werden zuerst die Stunden genannt und dann die Minuten.

πέμπτη ενότητα 05

1. Βρείτε τη σωστή απάντηση: Σε ποιόν όροφο μένετε;

α) «Μένω στον τρία όροφο.»
β) «Μένω στον δύο όροφο.»
γ) «Μένω στον ένα όροφο.»
δ) «Μένω στον πρώτο όροφο.»

2. Τι λέει ο Α.;
Α: «_________________;» Β: «Όχι, είμαι ελεύθερη.»

α) Είσαι Ελληνίδα;
β) Είσαι παντρεμένη;
γ) Είσαι λυπημένη;
δ) Είσαι δασκάλα;

3. Δεν πάμε _____ θέατρο _____ σινεμά.

α) ούτε - ούτε
β) πάνω - κάτω
γ) σιγά - σιγά
δ) πέρα - δώθε

ΛΥΣΕΙΣ ΠΕΜΠΤΗΣ ΕΝΟΤΗΤΑΣ

- *1.δ. «Μένω στον πρώτο όροφο.»*
- *2.β. Είσαι παντρεμένη;*
- *3.α. ούτε-ούτε = weder-noch.*
  β: πάνω-κάτω = ungefähr, circa
  γ: langsam
  δ:πέρα- δώθε = hin und her

4. Μου __________ η ελληνική γλώσσα αλλά χωρίς τη γραμματική.

α) αρέσω
β) αρέσουν
γ) αρέσετε
δ) αρέσει

5. «Κύριε Αντρέα! Θέλετε έναν καφέ;»

α) «Ναι, θέλουμε.»
β) «Όχι, δέ θέλει.»
γ) «Ναι, θέλει.»
δ) «Όχι, δε θέλω.»

6. «Έλα __________, φεύγουμε!»

α) Δημήτρης
β) Δημήτρη
γ) ο Δημήτρης
δ) τον Δημήτρη

7. Ο Μαξ ζει με ____ ____ ____ στην Γερμανία.

α) ο πατέρας του
β) τον πατέρα του
γ) ο πατέρα της
δ) τον πατέρα της

❖ *4.δ. αρέσει*
η ελληνική γλώσσα ist das Subjekt. Das Verb steht daher in der 3. Person Singular. Wie im Deutchen: ***Mir gefällt die griechische Sprache.***

❖ *5.δ. Όχι, δε θέλω*
Merke: Im Griechischen ist die höfliche Form der Anrede verbunden mit κυρία, δεσποινίς oder κύριε. Auf die Anrede kann der Vorname oder der Nachname folgen.

❖ *6.β Δημήτρη*
Hier liegt der Vokativ (Rufform) vor: Artikel und s-Laut am Schluss des Nomens entfallen.

❖ *7.β. τον πατέρα του*
Nach der Präposition με folgt der Akkusativ. Das Possessivpronomen muss maskulin sein, da es sich auf ***«Ο Μαξ»*** *bezieht.*

8. «Τι _____; πίνουμε ένα καφεδάκι;»

α) λες

β) βλέπεις

γ) μιλάς

δ) ακούς

9. Τι ώρα είναι;

α) μία παρά πέντε

β) πέντε παρά μία

γ) μία και πέντε

δ) πέντε και μία

10. «Μήπως έχετε ________ ασπιρίνη;»

α) καμία

β) κάποια

γ) μία

δ) εκείνη

11. «Σου ________ τα ελληνικά τραγούδια;»

α) αρέσει

β) αρέσουν

γ) αρέσεις

δ) αρέσουμε

❖ *8.α. Τί λες*
Redewendung: Was meinst du?

❖ *9.α. μία παρά πέντε*
παρά = vor, και = nach. Erst werden die Stunden genannt, dann die Minuten.

❖ *10. α, γ. Καμία oder μία*
η ασπιρίνη ist auf Griechisch ein Femininum. Κάποια = irgendeine, εκείνη = jene

❖ *11.β. αρέσουν*
Das Verb steht im Plural, da es sich auf das Subject ***τα ελληνικά τραγούδια*** *bezieht.*

❖ *12.δ. τι ώρα*
από πότε = seit wann, πόση ώρα = wie lange, με την ώρα = stundenweise
Man könnte auch fragen: Σε πόση ώρα oder πότε = wann.

12. «Μου λέτε σας παρακαλώ _____ _____ αρχίζει το φιλμ με τον Γούντυ Άλλεν (Woody Allen);»

α) από πότε
β) πόση ώρα
γ) με την ώρα
δ) τι ώρα

13. Τί σημαίνει;
Ο Γιώργος και η Αθηνά <u>τα πάνε μέλι γάλα</u>.

α) ζουν αρμονικά
β) τσακώνονται
γ) πίνουν γάλα με μέλι
δ) πλήττουν

14. Τι είναι λάθος;

α) Η Νανά πίνει τον καφέ της μέτριο.
β) Η μπλούζα είναι ακριβή αλλά όμως πολύ ωραία.
γ) Η αδελφή μου είναι παντρεμένοι.
δ) Το πρωί ξυπνάμε πάντα στις 7.

15. Τι είναι σωστό;

α) Πάνε βόλτα στην παραλία.
β) Πάνε στο θέατρο με οι φίλοι τους.
γ) Πάνε για μπάνιο η θάλασσα.
δ) Πάνε ταξιδάκι η Γερμανία.

❖ *13.α. ζουν αρμονικά*
Redewendung: τα πάω μέλι γάλα με κάποιον.
τσακώνομαι=sich zanken, πλήττω= sich langweilen

❖ *14.γ. Richtig wäre: παντρεμένη*
Die Endung -οι wird nur im Plural verwendet.

❖ *15.α. πάνε βόλτα στην παραλία*
Merke: Auf alle Präpositionen muss der Akkusativ folgen.
β. με τους (Akk. Plural), γ. στη θάλασσα, δ. στη Γερμανία

ΔΙΑΛΟΓΟΣ 2

Στο ασανσέρ

Ενας κύριος: Περάστε παρακαλώ!

Μία κυρία: Ευχαριστώ.

Ενας κύριος: Σε ποιόν όροφο πηγαίνετε;

Μία κυρία: Στον πέμπτο, παρακαλώ.

Ενας κύριος: Εδώ μένετε;

Μία κυρία: Ναι, εδώ και δύο εβδομάδες

Ενας κύριος: Α, μάλιστα, είστε η καινούρια. Καλώς ήρθατε στην πολυκατοικία μας! Εμείς μένουμε στον έκτο, Νίκος Παπαδάκης το όνομά μου.

Μία κυρία: Χαίρω πολύ, κύριε Νίκο, Έλλη Δημητρίου με λένε. Γειά σας και καλό απόγευμα.

Ενας κύριος: Χάρηκα κυρία μου, στο καλό και επίσης καλο απόγευμα!

- *εδώ και: seit*
- *Καλώς ήρθες(eine Person), καλώς ήρθατε (Höflichkeitsform oder mehrere Personen): Willkommen*
- *Πολυκατοικία: Mehrfamilienhaus*
- *Χαίρω πολύ: Ich freue mich*
- *Χάρηκα: Ich habe mich gefreut*

06 έκτη ενότητα

1. Θα πάμε _______________διακοπές στο Παρίσι.

α) στον Ιούνιο
β) τον Ιούνιο
γ) γιά τον Ιούνιο
δ) ο Ιούνιος

2. «_____ φέρνετε έναν καφέ, σας παρακαλώ;»

α) Εμένα
β) Εσύ
γ) Μέ
δ) Μου

3. Τι είναι λάθος;

α) Πόση ώρα περιμένεις εδώ;
β) Πόσες μήνες θα περιμένεις ακόμα;
γ) Πόσο κρασί θέλεις;
δ) Πόσα παιδιά έχεις;

ΛΥΣΕΙΣ ΕΚΤΗΣ ΕΝΟΤΗΤΑΣ

❖ *1.β. τον Ιούνιο*
Merke: Zeitangaben stehen im Akkusativ und ohne Präposition (τον Ιούνιο, το Καλοκαίρι, το Πρωί). Dies gilt aber nicht für Datum und Uhrzeit. Diese werden mit der Präposition σε gebildet (στις 24.12., στις δυόμισι).

❖ *2.δ. Μου*
Μου ist grammatikalisch korrekt. Im nordgriechischen Dialekt sagt man auch με (Akk.).

❖ *3.β. Richtig wäre: Πόσους μήνες...*
Πόσος, -η, -ο ist ein Pronomen, es wird wie ein Adjektiv dekliniert.

4. «Πόσο κάνει ______ ___ ρολόι, παρακαλώ;»

α) αυτή η
β) αυτοί οι
γ) αυτά τα
δ) αυτό το

5. Τι καιρό κάνει;

α) Έχει ήλιο.
β) Κάνει κρυάδες.
γ) Κάνει καλά.
δ) Από κάπου μπάζει.

6. «Τι ώρα ________ κάθε πρωί, Αντιγόνη;»

α) έχεις
β) βρίσκεσαι
γ) σηκώνεσαι
δ) παίρνεις

7. «Ορίστε παρακαλώ, ______ ζητάτε;»

α) ποιός
β) ποιόν
γ) ο
δ) η

❖ *4.δ. αυτό το*
bei πόσο handelt es sich um ein Adverb, das nicht deklinierbar ist und insofern immer gleich bleibt. Το ρολόι ist Neutrum. Αυτός ο, αυτή η, αυτό το = dieser,-e,-es

❖ *5.α. Έχει ήλιο.*
β: κάνει κρυάδες=(er/sie/es) macht Blödsinn, γ: κάνει καλά=(er/sie/es) macht es gut, δ: από κάπου μπάζει=es zieht von irgendwo.

❖ *6.γ. σηκώνεσαι*
σηκώνομαι (Passivform mit reflexiver Bedeutung) = sich erheben, aufstehen σηκώνω κάτι(Aktiv) =etwas aufheben.

❖ *7.β. ποιόν*

❖ *8.α. -άμαι, -άμαι (λυπάμαι, θυμάμαι)*

8. Βάλτε τη σωστή κατάληξη:
«Λυπ_____, αλλά δεν σας θυμ_____ καθόλου.»

α) -άμαι, -άμαι
β) -όμαι, -όμαι
γ) -έω, -έω
δ) -άω, -άω

9. «Με ________, τι ώρα φεύγει το πλοίο για Μύκονο;»

α) συγχωρούμε
β) συγχωρείτε
γ) συγχωρώ
δ) συγνώμη

10. Ο Θάνος και η Ντέμη ________ το πρωινό τους στη βεράντα.

α) ανοίγουν
β) περνάνε
γ) πεινάνε
δ) παίρνουν

11. «Από πού ________ αυτό το ωραίο μπλουζάκι;»

α) πήρες
β) διάβασες
γ) δούλεψες
δ) πέρασες

❖ *9.β. συγχωρείτε*
Richtig wäre auch δ (συγνώμη), wenn nicht «με» davor stünde.
συγνώμη allein, ohne με davor wäre auch richtig.

❖ *10.δ. παίρνουν*
Παίρνω το πρωινό (das Frühstück)=frühstücken

❖ *11.α. πήρες*
παίρνω anstatt αγοράζω

12. Τι λέει ο Β;
Α: «Απόψε θα πάω με το Γιάννη στο Μέγαρο Μουσικής.»
Β: «______ __________.»

α) Καλή ανάρρωση
β) Καλή διασκέδαση
γ) Καλή όρεξη
δ) Καλή ξεκούραση

13. Ποια φράση είναι λάθος;

α) Ο Γιάννης διάβασε κάθε μέρα εφημερίδα.
β) Τα παιδιά πήγαιναν κάθε μέρα στο σχολείο.
γ) Ο Αποστόλης κοίταζε κάθε βράδι τηλεόραση.
δ) Έτρωγα ένα μήλο κάθε πρωί.

14. Πώς είναι η ακόλουθη φράση στον Αόριστο;
Τα παιδιά βλέπουν το ματς στην τηλεόραση.

α) Τα παιδιά έβλεπαν το ματς στην τηλεόραση.
β) Τα παιδιά θα δουν το ματς στην τηλεόραση.
γ) Τα παιδιά έχουν δει το ματς στην τηλεόραση.
δ) Τα παιδιά είδαν το ματς στην τηλεόραση.

15. Γράψτε τα αντίθετα:

εκεί	______________	νωρίς	______________
πάνω	______________	κοντά	______________
ποτέ	______________	μπροστά	______________
δεξιά	______________	μέσα	______________

❖ *12.β. καλή διασκέδαση = viel Vergnügen*
α: gute Besserung, γ: guten Appetit, δ: gute Erholung.
Το Μέγαρο Μουσικής ist das große Konzerthaus in Athen.

❖ *13. α. Richtig wäre: διάβαζε*
Bei wiederholter (κάθε μέρα, κάθε βράδι, etc.) oder dauerhafter Handlung muss das Verb im Imperfekt stehen.

❖ *14.δ. Τα παιδιά είδαν το ματς στην τηλεόραση.*
α: Imperfekt, β: sie werden sehen (Futur), γ: sie haben gesehen (Perfekt)

❖ *15. εκεί-εδώ, νωρίς-αργά, πάνω-κάτω, κοντά-μακριά, ποτέ-πάντοτε (πάντα), μπροστά-πίσω, δεξιά-αριστερά, μέσα-έξω*

07 *έβδομη ενότητα*

1. «Σπύρο! Μήπως __________ το τηλέφωνο του Άλκη;»

α) κοιμάσαι
β) έρχεσαι
γ) θυμάσαι
δ) ασχολείσαι

2. Χτες η γιαγιά μου δεν ______ στο σπίτι όταν ________ ο ταχυδρόμος.

α) ήταν - είχε
β) είχε - ήταν
γ) είχε - πέρασε
δ) ήταν - πέρασε

3. «Όταν θα ________ στη Γερμανία θα ________ μιά καινούρια ζωή.»

α) γυρίζω - αρχίσω
β) γυρίσω - αρχίσω
γ) γυρίζω - αρχίζω
δ) γύρισα - άρχισα

ΛΥΣΕΙΣ ΕΒΔΟΜΗΣ ΕΝΟΤΗΤΑΣ

- *1.γ. θυμάσαι (sich erinnern)*
  α: schlafen, β: kommen, δ: sich mit etwas beschäftigen. δ wäre auch richtig, mit der Präposition με.Μήπως ασχολείσαι με το τηλ. του Άλκη (sich mit etwas beschäftigen)
- *2.δ. ήταν - πέρασε*
  περνάω = (hier) vorbeigehen
- *3.β. γυρίσω - αρχίσω*
  Merke: Das Futur wird nur dann mit Aoriststamm gebildet, wenn es um eine einmalige, zielgerichtete Handlung geht.
  Nicht vergessen: Die Endungen sind im Futur die gleichen wie im Präsens.

4. Όταν ήμουν φοιτήτρια, ________ κάθε πρωί την εφημερίδα μου και μετά ________ στο πανεπιστήμιο.

α) διάβαζα - πήγαινα
β) διάβασα - πήγα
γ) διαβάσω - πάω
δ) διάβασα - πήγαινα

5. Αυτός που είναι από την ίδια χώρα με έναν άλλον είναι:

α) ο πατριώτης
β) ο χωριάτης
γ) ο συμπατριώτης
δ) ο συμπολίτης

6. Το αντίθετο του κοιμάμαι είναι:

α) σηκώνω
β) κοιμίζω
γ) ξυπνάω
δ) στέκομαι

7. Ο πληθυντικός του «ο καθηγητής» είναι:

α) οι καθηγήτριες
β) οι καθοδηγητές
γ) οι καθηγητές
δ) οι καθηγήτριοι

- *4.α. διάβαζα - πήγαινα*
  Hier muss das Imperfekt verwendet werden, da es um eine wiederholte Handlung geht (κάθε μέρα). διάβασα, πήγα ist die Aoristform (einmalig). Die Form διαβάσω, πάω (Aoriststamm + Präsensendung) kann sowohl Futur als auch Konjunktiv sein. Im Futur steht die Partikel θα davor (θα διαβάσω), im Konjuktiv να (να διαβάσω).
- *5.γ. ο συμπατριώτης (Landsmann)*
  α: der Patriot, β: der Dörfler, δ: der Mitbürger
- *6.γ. ξυπνάω (aufwachen)*
  α: aufheben, β: zum Schlaf bringen, δ: stehen
- *7.γ. οι καθηγητές*
  οι καθηγήτριες ist die Pluralform von η καθηγήτρια (Feminin). καθοδηγητής = Anleiter, δ gibt es nicht.

8. Ο πληθυντικός του «πόσο» είναι:

α) πόσα

β) πόσες

γ) πόσοι

δ) πόση

9. Ποιά φράση είναι λάθος;

α) «Κυρία Αναστασία! Παραλάβατε νέα από τα παιδιά σας;»

β) «Κώστα, ποιόν περίμενες στο καφενείο;»

γ) «Πού ήταν το ποδήλατό σου, Μαρία;»

δ) «Σοφία, πήρες γράμμα από τον Χανς;»

10. Ποιά φράση είναι λάθος;

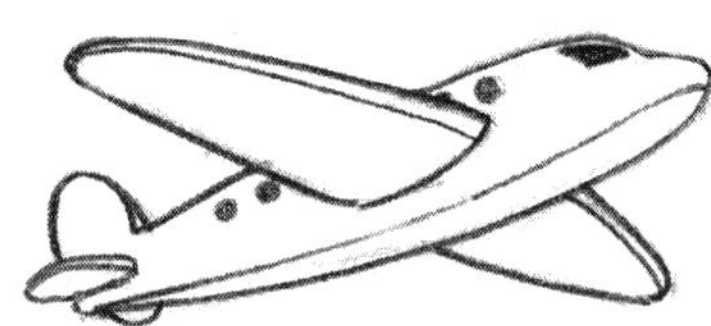

α) Το τραίνο φεύγει στις 08:00.

β) Το πλοίο φτάνει μετά τις 02:00.

γ) Το αεροπλάνο φτάνει από τις 05:00.

δ) Το λεωφορείο θα είναι εδώ κατά τις 03:00.

11. Όταν θα φτάσει στα Χανιά η Άννα, ____ ________ τον άντρα της τηλέφωνο.

α) θα πάει

β) θα πάρει

γ) θα κάνει

δ) θα πει

❖ *8.α. πόσα*

	Singular	*Plural*
Mask.:	*πόσος*	*πόσοι*
Fem.:	*πόση*	*πόσες*
Neutr.:	*πόσο*	*πόσα*

❖ *9.α. Richtig wäre: είχατε νέα;*
παραλαμβάνω = erhalten, in Empfang nehmen z.B. ένα γράμμα, ένα πακέτο

❖ *10.γ. Richtig wäre: φτάνει oder έρχεται στις 05:00*
Richtig wäre auch: το αεροπλάνο έχει φτάσει od. έχει έρθει od. είναι εδώ από τις 05:00. Στις 08:00 = um 08:00, μετά τις 02:00 = nach 02:00, κατά τις 03:00 = gegen 03:00, από τις 05:00 = seit 05:00.

❖ *11.β. θα πάρει*
παίρνω τηλέφωνο = anrufen. Man kann auch sagen: κάνω τηλέφωνο σε κάποιον, so dass bei γ richtig wäre: θα κάνει στον άντρα της ένα τηλεφώνημα.

12. Όταν θα ακούσει ο γιός μου τα ευχάριστα νέα ____ ________ από τη χαρά του.

α) θα παραλύσει
β) θα πηδήσει
γ) θα κοκκινίσει
δ) θα σκάσει

13. Η Ερατώ έμεινε ________ _____ την Κυριακή στο σπίτι, γιατί ο Αντρέας πήγε γιά δουλειά.

α) μόνοι τους
β) μόνη της
γ) μόνος του
δ) μόνο του

14. Ποιά φράση δεν είναι σωστή;

α) «Μα να πας μόνη σου δε μπορείς, είσαι μικρή ακόμα.»
β) «Μα δε μπορείς να πας μόνη σου, είσαι μικρή ακόμα.»
γ) «Μα μόνη σου δε μπορείς να πας, είσαι ακόμα μικρή.»
δ) «Μα δε μόνη σου μπορείς να πας, είσαι ακόμα μικρή.»

15. «Πού ____ ________φέτος τις διακοπές σας;»

α) θα πέρνετε
β) θα φέρετε
γ) θα περάσετε
δ) βλέπετε

❖ *12.β. θα πηδήσει*
πηδάω από τη χαρά μου oder πηδάω από χαρά = vor Freude springen, α: παραλύω από τον φόβο = vor Angst erstarren, γ: κοκκινίζω από ντροπή = vor Scham erröten, δ: σκάω (από το κακό μου) = ich platze (vor Wut)

❖ *13.β. μόνη της*
Man kann das Adjektiv μόνος, μόνη, μόνο auch ohne Possessivpronomen benutzen. Wenn das Possesivpronom angewendet wird, dann hat es das gleiche Geschlecht wie das Adjektiv, sowohl im Singular wie auch im Plural: μόνος του, μόνοι τους, μόνες τους etc.

❖ *14.δ. Richtig wäre: Μα δεν μπορείς να πας μόνη σου*
Merke: Nach δεν folgt in der Regel direkt das Verb. Dazwischen können θα, θα+Personalpronomen oder nur Personalpronomen stehen, z.B. δεν θα καταλάβεις, δε με ξέρει, δε θα το κάνει etc.

❖ *15.γ. θα περάσετε*
περνάω τις διακοπές μου= ich verbringe meinen Urlaub, meine Ferien

ΔΙΑΛΟΓΟΣ 3

Στο ζαχαροπλαστείο

- Καλημέρα σας, τι θέλετε;
- Μας φέρνετε έναν Φρέντο εσπρέσσο, έναν Νες με γάλα και δύο κρουασάν;
- Ευχαρίστως, τίποτ' άλλο;
- Γιά την ώρα όχι. Αλήθεια, μήπως ξέρετε τί ώρα ανοίγει το ταχυδρομείο;
- Στις πεντέμισι, δηλαδή σε μία ωρίτσα αλλά και το περίπτερο έχει γραμματόσημα, άν θέλετε.
- Καλά, θα δούμε. Ευχαριστώ πολύ.
- Να' στε καλά.

❖ *In der Konditorei (im Café)* ❖ *Νες = Nescafe (Pulverkaffee)* ❖ *τίποτα άλλο = noch etwas* ❖ *γιά την ώρα = im Moment* ❖ *Αλήθεια = Wahrheit, hier: übrigens* ❖ *μήπως = vielleicht* ❖ *πεντέμισι = halb sechs, erst die volle Stunde und danach die halbe, z.B. δωδεκάμισι, δυόμισι.* ❖ *ωρίτσα = kleine Stunde (Stunde = ώρα): freundlich-diminutive Redewendung.* ❖ *θα δούμε = mal sehen* ❖ *Να 'στε καλά (να είστε καλά)= Es soll Ihnen gut gehen, auch eine freundliche Redewendung, die man nach 'danke' verwenden kann.*

όγδοη ενότητα 08

1. Όταν γίνεται κανείς 18 χρονών, είναι:

α) ανήλικος
β) ενήλικος
γ) βρέφος
δ) υπερήλικας

2. Ο Μάριος ________ χτες στο σπίτι γιατί ήταν άρρωστος, είχε και πυρετό.

α) πέρασε
β) έφερε
γ) έμεινε
δ) βγήκε

3. «Στείλε μου ένα Φαξ ή γράψε μου ένα γράμμα.» Ποιά φράση από τις ακόλουθες σημαίνει το ίδιο με την παραπάνω;

α) «Να μου στείλεις ένα φαξ ή να μου γράψεις ένα γράμμα.»
β) «Στέλνεις ένα φαξ ή γράφεις ένα γράμμα.»
γ) «Μήπως μπορείς να μού στείλεις ένα φαξ ή να μου γράψεις ένα γράμμα;»
δ) «Θα στείλεις ένα φαξ ή θα γράψεις ένα γράμμα;»

ΛΥΣΕΙΣ ΟΓΔΟΗΣ ΕΝΟΤΗΤΑΣ

❖ *1.β. ενήλικος = volljährig, erwachsen
ανήλικος = minderjährig, το βρέφος = der Säugling,
ο υπερήλικας = sehr alter Mensch*

❖ *2.γ. έμεινε
α wäre richtig, wenn ein Zeitobjekt folgen würde, z.B πέρασε την ημέρα του στο σπίτι oder πέρασε την ώρα του στο μπαλκόνι*

❖ *3.α. «Να μου στείλεις ένα φαξ ή να μου γράψεις ένα γράμμα.»
Merke: Anstelle des Imperativs kann auch der Konjunktiv (να+Aoriststamm des Vebs + Präsenzsendung) stehen. Beispiele: γράψε - να γράψεις, στείλε - να στείλεις, πήγαινε - να πας, άκουσε - να ακούσεις, κοίταξε -να κοιτάξεις.*

4. «Δεν θέλω ________ ζάχαρη στον καφέ μου.»

α) πολλή
β) πολύ
γ) πολλοί
δ) πολλά

5. «Πού είναι το ψαλίδι μου;»
«________ ____συρτάρι.»

α) Μέσα από
β) Μέσα στο
γ) Πάνω από
δ) Πάνω στο

6. Τι είναι λάθος;

α) Το Πάρκο είναι απέναντι από το σπίτι της.
β) Το χωριό του είναι πίσω από αυτό το βουνό.
γ) Το γυμναστήριο είναι κοντά από το γραφείο μου.
δ) Ο σταθμός του τραίνου είναι μακριά από το λιμάνι.

7. Οι καθηγητές πρέπει να μιλάνε ________ και ________.

α) αργά και καθαροί
β) αργοί και καθαροί
γ) αργές και καθαροί
δ) αργά και καθαρά

- *4.α. πολλή*
  ζάχαρη ist feminin. β ist auch richtig: In diesem Fall wäre πολύ als Adverb verwendet.
- *5.β. μέσα στό*
- *6.γ. Richtig wäre: κοντά στο γραφείο μου.*
  Merke: Zu κοντά (wie auch zu μπροστά) gehört die Präpositionσε. Zu απέναντι, πίσω, μακριά, έξω die Präposition από.
  Auf die Adverbien πάνω, κάτω kann sowohl σε als auch από folgen, es kommt auf die Position an, z.B. το ποτήρι είναι πάνω στο τραπέζι (Zeichnung a). Το φως είναι πάνω από το τραπέζι (Zeichnung b).
- *7.δ. αργά και καθαρά*
  Beide Wörter sind Adverbien. Sie sind nicht deklinierbar.

8. Έχει τα μαλλιά της ίσια και στη μέση _______.

α) μία ραφή
β) μία χωρίστρα
γ) ένα χώρισμα
δ) μία καρφίτσα

9. Δεν _______ ποτέ να λές ποτέ.

α) πρέπεις
β) πρέπει
γ) πρέπω
δ) πρέπουμε

10. Τί σημαίνει; Ο αδελφός μου είναι πιό μεγάλος από μένα.

α) Έχει πιό πολλά χρόνια από μένα.
β) Είναι πιό ψηλός από μένα.
γ) Είναι πιό σπουδαίος από μένα.
δ) Είναι πιό παχύς από μένα.

11. Αν θέλεις καλή ελληνική μουσική πρέπει να πάρεις _______ ____ κασέτες.

α) αυτή τη
β) αυτές οι
γ) αυτές τις
δ) αυτή η

❖ *8.β. η χωρίστρα (der Scheitel)*
η ραφή = die Naht, το χώρισμα = die Trennwand, η καρφίτσα = die Stecknadel,
die Brosche

❖ *9.β. πρέπει*
Das Verb πρέπει (=müssen, sollen, es ist nötig) gibt es nur in der dritten Person Singular, unabhängig von dem Subjekt, z.B.: εμείς πρέπει να φύγουμε, εσύ πρέπει να καταλάβεις, etc.

❖ *10.α. Έχει πιό πολλά χρόνια από μένα.*
μεγάλος,-η,-ο= groß, alt (πιό μεγάλος=älter), ψηλός= groß, hoch (Höhe, Körperhöhe), σπουδαίος= wichtig, παχύς= dick

❖ *11.γ. αυτές τις*
Akkusativ Plural Femininum

12. Τα παιδιά πάνε κάθε πρωί ____ σχολείο ____ το λεωφορείο.

α) στο - από
β) από - από
γ) με - στο
δ) στο - με

13. Ποιό ζώο κάνει «νιάου»;

α) ο σκύλος
β) η αγελάδα
γ) η γάτα
δ) το πρόβατο

14. Η καημένη, έχει πολλά προβλήματα, αλλά δυστυχώς δέν μπορεί να _____ βοηθήσει κανένας.

α) την
β) της
γ) αυτήν
δ) αυτής

15. Τι δε φοράμε στα πόδια μας;

α) σκουλαρίκια
β) παπούτσια
γ) κάλτσες
δ) πέδιλα

❖ *12. δ. στο - με*
❖ *13. γ. η γάτα*
α: γαβ, β: μου, δ: μπε.
❖ *14.α. την*
βοηθάω + Akkusativ, η καημένη = die Arme
❖ *15. α. σκουλαρίκια = Ohrringe*

ένατη ενότητα 09

1. Ποιά φράση είναι στον Αόριστο;

α) Ούτε γράμμα έγραφα ούτε δέμα έστελνα.
β) Ούτε γράμμα έχω γράψει ούτε δέμα έχω στείλει.
γ) Ούτε γράμμα έγραψα ούτε δέμα έστειλα.
δ) Ούτε γράμμα γράφω ούτε δέμα στέλνω.

2. Με τη δίαιτα που έκανα _____ 5 κιλά.

α) έχασα
β) έδωσα
γ) αποπήρα
δ) ξεπλήρωσα

3. Το φιλμ ήταν θρίλλερ και μας έκανε να τρέμουμε ____ φόβο.

α) με
β) από
γ) σε
δ) γιά

ΛΥΣΕΙΣ ΕΝΑΤΗΣ ΕΝΟΤΗΤΑΣ

- *1. γ. Ούτε γράμμα έγραψα ούτε δέμα έστειλα.*
  α: Imperfekt, β: Perfekt, δ: Präsens
- *2. α. έχασα • χάνω = verlieren (in diesem Fall: abnehmen)*
  β:δίνω = geben, γ: αποπέρνω = schonungslos behandeln,
  δ: ξεπληρώνω = abbezahlen.
- *3.β. από*
  z.B. τρέμω από θυμό, πλημμυρίζω (überströmen) από χαρά.

4. Η Τζένη είναι ________ με τον Αργύρη.

α) παντρεμένη
β) χήρα
γ) χωρισμένοι
δ) ερωτευμένοι

5. Τι είναι λάθος;

α) Τα ελληνικά είναι πιο δύσκολα από τα ισπανικά.
β) Ο Ιούλιος είναι ο πιο ζεστός μήνας.
γ) Το φαγητό στην Ελλάδα είναι πιο κρύο από το φαγητό στη Γερμανία.
δ) Ο Κώστας είναι ο πιο μεγάλος από την Αλίκη.

6. «Έλα βρε* Καρολίνα μου, σε περιμένω _____ _____μία ώρα!»

α) πριν από
β) εδώ και
γ) από δω και πέρα
δ) που και που

(*) Die eingeschobene Floskel «βρε» wird umgangssprachlich und nur im privaten Kontext genutzt. Sie hat für sich genommen keine eigene Bedeutung.

7. Ποιά λέξη δεν ταιριάζει στη σειρά;

α) παντρεμένος
β) χωρισμένος
γ) Άγγλος
δ) χήρος

❖ *4.α. παντρεμένη*
β: verwitwet, γ: geschieden (hier: maskulin Plural), δ: verliebt (hier Mask. Plural)

❖ *5.δ. Richtig wäre: είναι πιο μεγάλος από*
Hier liegt der Komparativ vor. Die Form ο πιό (Superlativ) ist hier falsch.
Komparativ: πιό + Adjektiv + από z.B. πιό μικρός από = kleiner als.
Superlativ: Artikel + πιο + Adjektiv, z.B. η πιό καλή = die beste.

❖ *6.β. εδώ και = seit*
z.B.: σπουδάζω εδώ και ένα χρόνο = ich studiere seit einem Jahr. Hier wird ein Zeitspanne angegeben. Bei Angabe des Zeitpunktes muss από verwendet werden: σπουδάζω από το 2001, είμαι εδώ από τη Δευτέρα etc.
α: vor, γ: ab jetzt, δ: ab und zu.

8. Ο Γιάννης θέλει _____ ένα δώρο _____ γυναίκα του γιατί έχουν επέτειο γάμου (Hochzeitstag).

α) να δώσει - στην
β) να δίνει - την
γ) έδωσε - στην
δ) έχει δώσει - η

9. Ποιά λέξη δείχνει μεγαλύτερη ένταση; (Welches Wort zeigt die größere Intensität?)

α) νευριασμένος,-η,-ο
β) θυμωμένος,-η,-ο
γ) ταραγμένος,-η,-ο
δ) έξαλλος,-η,-ο

10. «Θαυμάσια! Αύριο έχω ρεπό.» Τι σημαίνει «θαυμάσια»;

α) τι κρίμα
β) μακάρι
γ) υπέροχα
δ) δυστυχώς

11. «Ορίστε παρακαλώ τα κλειδιά _____ _____ σας!»

α) του δωματίου
β) το δωμάτιο
γ) στο δωμάτιο
δ) τα δωμάτια

❖ *7.γ. Άγγλος*
❖ *8.α. να δώσει... (στην)*
Hier liegt der Aoriststamm vor (einmalig, zielgerichtet).
Στη(ν) γυναίκα entspricht dem Dativobjekt im Deutschem (er gibt seiner Frau...).
❖ *9.δ. έξαλλος= außer sich sein, α: genervt-, β: verärgert-, γ: aufgeregt sein*
❖ *10. γ. υπέροχα = wunderbar, ausgezeichnet*
α: wie schade, β: hoffentlich, wenn doch, δ: leider
❖ *11. α. του δωματίου (Genitiv)*

12. Ποιά λέξη δεν έχει την ίδια βάση;

α) εικόνα
β) οικολογία
γ) οικογένεια
δ) οικονομία

13. Το δωμάτιο _____ _____ είναι στον επάνω όροφο.

α) στον Γιάννη
β) τον Γιάννη
γ) του Γιάννη
δ) του Γιάννης

14. Δεν μπορείς _____ _____ τηλέφωνο από αυτή τη συσκευή.

α) να πας
β) να πεις
γ) να πάρεις
δ) να περάσεις

15. Τι κάνουν τα πουλιά;

α) γαυγίζουν
β) νιαουρίζουν
γ) κελαϊδάνε
δ) γκαρίζουν

❖ *12. α. εικόνα*
Die anderen drei Worte beinhalten «οικο-». Οίκος = Haus (altgriechisch), vgl. auch Ökologie, Ökonomie etc.
❖ *13. γ. του Γιάννη*
Art. Genitiv mask. = του + Subst. Genitiv mask. (ohne ς!)
❖ *14. γ. να πάρεις (Konjuktiv von παίρνω)*
α: Konjunktiv von πηγαίνω|πάω, β: Konjunktiv von λέω, δ: Konj. von περνάω
❖ *15. γ. κελαϊδάνε = singen (bei Vögeln)*
α: bellen, β: miauen, δ: schreien (bei Eseln)

ΔΙΑΛΟΓΟΣ 4
Στο Ξενοδοχείο

- Χαίρετε!
- Καλησπέρα σας δεσποινίς, ορίστε;
- Έχω κρατήσει δωμάτιο, μονόκλινο.
- Όνομα;
- Κάρλα Ραίρμαν
- Συγνώμη, το επώνυμό σας πάλι παρακαλώ;
- Ραίρμαν, Ραί-ρ-μαν, με ρο.
- Ά! Ραίρμαν, μάλιστα. Είστε από την Αυστρία δεσποινίς Ραίρμαν; Δεσποινίς ή κυρία;
- Έε... όπως προτιμάτε. Είμαι από τη Γερμανία.
- Και θα μείνετε...;
- Μία βδομάδα, και βλέπουμε.
- Ναι, όπως θέλετε. Δώστε μου το διαβατήριό σας.
- Πφφ...! Ζέστη!
- Ορίστε;
- Ζέστη, λέω.
- Ναι, σκάσαμε! Ορίστε και το κλειδάκι σας. Δωμάτιο είκοσι ένα στο δεύτερο όροφο. Το πρωινό είναι από τις 8 μέχρι τις 10 και σερβίρεται στην τραπεζαρία, εδώ δεξιά. Εντάξει;
- Ναι, ευχαριστώ. Ά, αλήθεια! Έχει αιρκοντίσιον το δωμάτιο;
- Ναι βεβαίως. Καλόν ύπνο, δεσποινίς μου!

❖ Ορίστε: wie bitte, bitte schön, auch am Telefon ❖ έχω κρατήσει: (Perfekt), κρατάω = halten, aber auch buchen, reservieren ❖ μονόκλινο: Einzelzimmer (δίκλινο = Doppelzimmer) ❖ δεσποινίς/κυρία: In Griechenland wird eine junge Frau meist mit 'δεσποινίς' (Fräulein) angeredet, auch wenn sie über 18 ist. ❖ θα μείνετε: Aoriststamm: Hier ist die Tatsache gemeint und nicht die Dauer. ❖ δώστε μου: Imperativ von δίνω ❖ σκάσαμε: Aorist von σκάω (1. Person Plural), σκάω από τη ζέστη: vor Hitze platzen ❖ σερβίρεται: Passivform von σερβίρω. ❖ αλήθεια: Wahrheit, wird oft, wie hier in der Bedeutung von 'übrigens' verwendet.

10 δέκατη ενότητα

1. Τι είναι λάθος;

α) Είναι ο καλύτερος άνθρωπος του κόσμου.
β) Είναι ο καλύτερος άνθρωπος στον κόσμο.
γ) Είναι ο πιό καλός άνθρωπος στον κόσμο.
δ) Είναι πιό καλός άνθρωπος στον κόσμο.

2. Τι δεν μπορούμε να πούμε;

α) Η ατμόσφαιρα είναι θολή.
β) Η ατμόσφαιρα είναι φορτισμένη.
γ) Η ατμόσφαιρα είναι θυμωμένη.
δ) Η ατμόσφαιρα είναι υγρή.

3. Ποιά φράση σημαίνει: Λέω την αλήθεια.

α) Κλείνω το μάτι.
β) Φιλάω σταυρό.
γ) Μουτζώνω.
δ) Ξύνω τα νύχια μου.

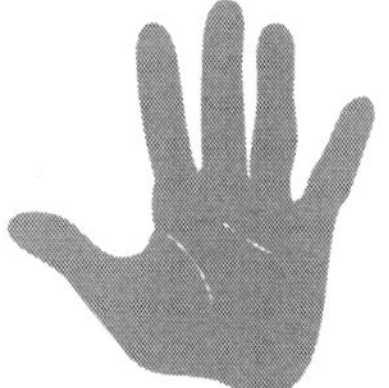

ΛΥΣΕΙΣ ΔΕΚΑΤΗΣ ΕΝΟΤΗΤΑΣ

❖ *1.δ. Richtig wäre: ο πιό καλός*
Der Artikel ο fehlt (Superlativ).

❖ *2. γ. θυμωμένη = böse, ärgerlich*
α: trübe, β: die Luft ist geladen, δ: feucht

❖ *3. β. φιλάω σταυρό (einen religiösen Schwur leisten)*
α: ein Auge zudrücken, γ: jdn. per Handzeichen (siehe Bild) zum Teufel schicken, kann scherzhaft gemeint sein. In der Regel ist es ernsthaft gemeint und dann eine Beleidigung. Ein häufiges Zeichen im Straßenverkehr.
δ: Streit suchen (ich schärfe, wetze meine Fingernägel)

4. Ποιά φράση είναι λάθος;
α) Οι τουρίστες μαθαίνουν τους ελληνικοί χοροί.
β) Οι μαθητές διαβάζουν τα μαθήματά τους.
γ) Ο ξεναγός δίχνει τα αρχαία μνημεία.
δ) Ο καθηγητής εξηγεί τις ασκήσεις.

5. Τι είναι λάθος;
α) Τα τζάμια του αυτοκινήτου είναι βρώμικα.
β) Η μόδα των ρούχων αλλάζει γρήγορα.
γ) Το σπίτι τους φίλους μου είναι στην Ύδρα.
δ) Ο πατέρας του Νίκου είναι πιλότος.

6. Τι πάει μαζί με τη βελόνα;
α) σχοινί
β) σίρμα
γ) κορδόνι
δ) κλωστή

7. Σε ποιό από τα παρακάτω ρήματα δεν ακολουθεί «να»;
α) πρέπει
β) φτιάχνω
γ) μπορώ
δ) θέλω

❖ *4.α. Richtig wäre: μαθαίνουν τους ελληνικούς χορούς (ο χορός = der Tanz).*
❖ *5.γ. Richtig wäre: των φίλων μου (Genitiv Plural)*
Das Possessivpronomen μου bleibt unverändert.
❖ *6. δ. κλωστή = Faden*
α= Seil, β= Draht, γ= Schnur
❖ *7.β. φτιάχνω*
Hier liegt kein Hilfsverb vor
Merke: «να» folgt immer auf Hilfsverben, z.B.πρέπει να, μπορώ να, θέλω να, sowie nach Verben, die eine Absicht ausdrücken wie σκοπεύω να, σκέφτομαι να.

8. Τι είναι λάθος;

α) Η Κίρκη είναι φίλη της Νανά.
β) «Γνωρίζεις το πρόβλημα του Σπύρου;»
γ) «Ορίστε τα κλειδιά του δωματίου σας!»
δ) «Πες μου, πού είναι το γραφείο της δικηγόρου σου.»

9. Στο παραμύθι «Η Χιονάτη και οι εφτά Νάνοι» λέει η κακή βασίλισσα: «Καθρέφτη καθρεφτάκι μαγικό πες ότι η πιό _____ είμαι εγώ.»

α) άσχημη
β) χαριτωμένη
γ) έξυπνη
δ) όμορφη

10. Τί σημαίνει: Τα Χριστούγεννα θέλω να βρίσκομαι κοντά στα παιδιά μου.

α) θέλω να είμαι μαζί τους.
β) θέλω να είμαι μακριά τους.
γ) θέλω να είμαι μόνη μου.
δ) θέλω να πάω εκεί την Άνοιξη.

**11. Α: «Όταν είσαι κουρασμένη φαίνεσαι ακόμα πιό όμορφη.»
Β: «Έλα τώρα, μη με πειράζεις.» Τί σημαίνει: Μη με πειράζεις.**

α) μην κάνεις αστεία
β) μη με απειλείς
γ) μη με αηδιάζεις
δ) μη με πονάς

❖ *8.α. Richtig wäre: της Νανάς*
Feminina enden im Genitiv auf '-s'. Ausnahme: Feminina auf –os. Diese bilden den Genitiv wie die Maskulina auf -ου.

❖ *9.δ. όμορφη*
όμορφος, -η, -ο= hübsch (Superlativ: η πιό όμορφη). α: hässlich, β: anmutig, graziös, γ: intelligent

❖ *10.α. Θέλω να είμαι μαζί τους.*

❖ *11.α. μην κάνεις αστεία (mach keine Scherze)*
Das ν bleibt bei Vokalen und den Konsonanten κ, ξ, π, τ und ψ bestehen.
Merke: Steht vor dem Verb (mit Präsens - oder Aoriststamm) ein μη(ν), so handelt es sich um einen Imperativ.
απειλώ = bedrohen, αηδιάζω = sich ekeln, μη με πονάς = tu mir nicht weh (πονάω κάποιον = jdm weh tun).

12. Δεν _____ στο σπίτι χτες βράδυ, _____ στη ταβέρνα και μετά πήγα στο θέατρο.

α) γύρισα - πήρα
β) έφαγα - είχα
γ) έμεινα - έφαγα
δ) πήγα - ήθελα

13. «Παρακαλώ, μπορώ _____ _____ έναν καφέ;»

α) να θέλω
β) να έρθω
γ) να έχω
δ) να μείνω

14. «Μπορείτε _____ _____ το παράθυρο παρακαλώ;"

α) να δίνετε
β) να μείνετε
γ) να καπνίσετε
δ) να ανοίξετε

15. Στα καφενεία υπάρχουν _____ άντρες, ενώ οι γυναίκες μένουν στο σπίτι.

α) πολλά
β) πολλοί
γ) πολλή
δ) πολές

❖ *12.γ. έμεινα - έφαγα*

❖ *13.γ. να έχω*

❖ *14.δ. να ανοίξετε*
να + Aoriststamm (weil einmalig), β und γ würden Sinn machen, wenn die Präposition σε gefolgt wäre, z.B. μπορείτε να μείνετε στο παράθυρο, μπορείτε να καπνίσετε στο παράθυρο.

❖ *15.β. πολλοί (Nominativ Maskulin Plural)*

	Nom. Singular	*Nom. Plural*
Mask.:	*πολύς*	*πολλοί*
Fem.:	*πολλή*	*πολλές*
Neutr.:	*πολύ*	*πολλά*

11 ενδέκατη ενότητα

1. _____ φορές νοσταλγώ τη θάλασσα.

α) Μερικές
β) Περασμένες
γ) Πολλά
δ) Λίγα

2. Ο πατέρας μου είναι στενοχωρημένος, έχει πολλές σκοτούρες. Τι σημαίνει «σκοτούρες»;

α) λεφτά
β) προβλήματα
γ) ιδέες
δ) δουλειές

3. Θα μείνω λίγο ακόμα στο Μόναχο και τον _____ μήνα θα πάω στο Αμβούργο.

α) αυτόν
β) τούτον
γ) εκείνον
δ) άλλο

ΛΥΣΕΙΣ ΕΝΔΕΚΑΤΗΣ ΕΝΟΤΗΤΑΣ

- *1.α. Μερικές*
  μερικοί, -ές, -ά (= einige, manche: nur im Plural)
- *2β. προβλήματα (σκοτούρα = die Sorge)*
- *3.δ. άλλο. Akkusativ ohne Präposition (Zeitangabe)*
- *4.δ. το στόμα*
  α: τη φωνή (die Stimme senken) β: το φως (das Licht runterdimmen)
  γ: τα μάτια (die Augen senken)

4. Τι δεν χαμηλώνει κανείς;

α) τη φωνή
β) το φως
γ) τα μάτια
δ) το στόμα

5. Βρείτε το αντίθετο από τις παρακάτω λέξεις χρησιμοποιώντας το «α» στην αρχή.

το δίκαιο
η αρχή (in der Bedeutung von Herschaft)
ο γνωστός
η πράξη
η ασφάλεια

6. Αυτός ο φιλόσοφος είναι πολύ σπουδαίος, είναι _____.

α) μύτη
β) τάξη
γ) κλάση
δ) κορυφή

7. «Μα, γιατί μου μιλάς _____;»

α) άσχημος
β) άσχημη
γ) άσχημα
δ) άσχημοι

❖ *5. το δίκαιο - το άδικο (Recht - Unrecht), η αρχή - η αναρχία (Herschaft - Anarchie), γνωστός - άγνωστος (Bekannt - Unbekannt), η πράξη - η απραξία (Tätigheit - Untätigheit), ασφάλεια-ανασφάλεια (Sicherheit - Unsicherheit). Wenn das Wort mit einem Vokal anfängt, wird zwischen dem α und dem Vokal ein ν eingefügt z.B. αναρχία.*

❖ *6.δ. κορυφή = Spitze, Koryphäe*

❖ *7.γ. άσχημα*
Adverbien enden meist auf -α. Einige tragen noch die alte Endung -ως: ακριβώς, δυστυχώς, ευτυχώς etc. Adverbien werden (wie auch im Deutschen) nicht dekliniert.

8. «Αυτός ο γιακάς με _____ πολύ.»

α) λιώνει

β) σφίγγει

γ) τεντώνει

δ) σπρώχνει

9. «Παρακαλώ, μπορώ να _____;»

α) τηλεφώνησα

β) τηλεφωνάζω

γ) τηλεφωνήσω

δ) τηλεφωνάσω

10. «Μην ξεχάσεις να δώσεις στη Νανά το δίπλωμά σου.»
«Ναι, θα _____ _____δώσω αύριο το πρωί.»

α) του το

β) της το

γ) τις το

δ) τους το

11. Τι δεν μπορείτε να κάνετε στην τράπεζα;

α) να κάνετε κατάθεση σε έναν λογαριασμό

β) να ανοίξετε έναν λογαριασμό

γ) να εισπράξετε λεφτά

δ) να ταχυδρομήσετε μιά κάρτα

❖ *8.β. σφίγγει (σφίγγω = einengen)*

❖ *9.γ. να τηλεφωνήσω*
Konjunktiv Aorist (einmalig) von τηλεφωνώ. α: τηλεφώνησα (Aorist), β und δ gibt es nicht.

❖ *10.β. της το*
της (ihr) το (es). Das Akkusativobjekt steht an zweiter Stelle

❖ *11.δ. να ταχυδρομήσετε μιά κάρτα*
ταχυδρομώ μία κάρτα: bei der Post eine Karte absenden
α: κατάθεση = Einzahlung, λογαριασμός = Konto
γ: εισπράττω λεφτά = Geld abheben, in Empfang nehmen

12. Σε ποιά φράση δεν ταιριάζει η ερώτηση «πότε»;

α) Το πρωί ξυπνάει πάντα στις 8.οο.
β) Το λιμάνι βρίσκετε πέντε λεπτά από δω.
γ) Φτάνω στην Αθήνα αύριο το απόγευμα.
δ) Το τραίνο φεύγει σε μισή ώρα.

13. Σε ποιά φράση δεν ταιριάζει η ερώτηση «πού»;

α) Η Καρολίνα είναι στο δωμάτιό της.
β) Το σπίτι μου είναι κοντά στο σταθμό.
γ) Ο Ρήνος βρίσκεται στη Γερμανία.
δ) Κοιμάται λίγο και δουλεύει πολύ.

14. Τι δεν είναι μουσικό όργανο;

α) το μαντολίνο
β) το κομμοδίνο
γ) το μπουζούκι
δ) το σαντούρι

15. «_____ το παράθυρο, Άγγελε, και _____ την πόρτα.»

α) Ανοίγει - κλείνει
β) Άνοιξε - κλείνε
γ) Ανοίγει - κλείσε
δ) Άνοιξε - κλείσε

❖ *12.β. Το λιμάνι βρίσκετε πέντε λεπτά από δω.*
❖ *13.δ. Κοιμάται λίγο και δουλεύει πολύ.*
❖ *14.β. Το κομμοδίνο = der Nachttisch*
❖ *15.δ. Άνοιξε – κλείσε*

ΔΙΑΛΟΓΟΣ 5

Στο λεωφορείο Χ95, Αεροδρόμιο-Σύνταγμα (Αθήνα)

Τουρίστρια: Δεν μου λέτε, σας παρακαλώ, σε πόση ώρα φεύγετε;

Οδηγός: Σε πέντε λεπτάκια. Πάρτε ένα εισιτήριο απ τη θυρίδα δίπλα. Προλαβαίνετε.

Τουρίστρια: (Αγοράζει ένα εισιτήριο και μπαίνει στο λεωφορείο.) Να σας ρωτήσω κάτι ακόμα; απο Γέρακα περνάτε;

Οδηγός: Τί στάση θέλετε;

Τουρίστρια: Στάση "Παναγίτσα".

Οδηγός: Βεβαίως.

Τουρίστρια: Α, ωραία! Θα μου πείτε, έτσι; Μήν με ξεχάσετε.

Οδηγός: Θυμάμαι, θυμάμαι. Καθίστε.

❖ *Δεν μου λέτε: Können Sie mir sagen (Ausdruck)* ❖ *σε πόση ώρα= πότε: wann* ❖ *Πάρτε: Imperativ mit Aoriststamm von παίρνω (nehmen Sie auch kaufen Sie* ❖ *Θυρίδα: Schalter* ❖ *μπαίνω: hineinkommen, einsteigen* ❖ *Να σας ρωτήσω: Konjunktiv von ρωτάω. Darf ich Sie etwas fragen* ❖ *περνάτε: vorbeifahren, vorbeigehen* ❖ *Θα μου πείτε: Konj. von λέω* ❖ *Μην με ξεχάσετε: Imperativ (mit Aoriststamm) von ξεχνάω = Vergessen Sie mich nicht* ❖ *Καθίστε: Imperativ mit Aoriststamm = Setzen Sie sich*

δωδέκατη ενότητα 12

1. Ο γιατρός λέει: «Τώρα _____ την καρδιά σας.»

α) θα εξετάσω
β) θα παρατηρήσω
γ) θα ανοίξω
δ) θα πιάσω

2. Δεν το _____ σωστό να γυρίζεις μόνη σου τα βράδια.

α) πιστεύω
β) σκέφτομαι
γ) βρίσκω
δ) ξέρω

3. Το νερό της θάλασσας είναι αλμυρό ενώ το νερό της λίμνης είναι _____.

α) φρέσκο
β) γλυκό
γ) πικρό
δ) ξυνό

ΛΥΣΕΙΣ ΔΩΔΕΚΑΤΗΣ ΕΝΟΤΗΤΑΣ

- *1.α. θα εξετάσω*
- *2.γ. βρίσκω*
- *3.β. γλυκό*

4. «Δημήτρη, _____ μου όλη την αλήθεια!»

α) βρίσκε

β) πες

γ) έλα

δ) βλέπε

5. Τι ταιριάζει στην ακόλουθη φράση: «Υπέροχα! Από αύριο έχω άδεια και θα πάω στην Κρήτη γιά μία εβδομάδα.»

α) καλές διακοπές

β) καλή εβδομάδα

γ) περαστικά

δ) καλή ανάρρωση

6. Τα παιδιά κάνουν μεγάλη _____.

α) έκρηξη

β) κρότο

γ) φασαρία

δ) βουητό

7. «Άσε με να πιστεύω ό,τι θέλω.» Τί σημαίνει «άσε με»;

α) κοίταξέ με

β) άφησέ με

γ) κάνε με

δ) βάλε με

❖ *4.β. πες μου*
Hier liegt der Imperativ mit Aoriststamm (einmalig) des Verbs λέω vor.

❖ *5.α. καλές διακοπές = einen schönen Urlaub*
καλή εβδομάδα sagt man am Wochenanfang, καλό μήνα am Monatsanfang
περαστικά und καλή ανάρρωση = gute Besserung

❖ *6.γ. φασαρία = Lärm, Krach*
η έκρηξη = Explosion, Knall, ο κρότος = Knall, Getöse,
το βουητό = Brummen, Brausen

❖ *7.β. άσε = άφησέ με*
άφησε = άσε = lass

8. ___ 6 Αυγούστου, στις 5:00 η ώρα θα πάρω το πλοίο γιά την Πάτρα.

α) Τις
β) Στις
γ) Σε
δ) Η

9. Σε μία απ' αυτές τις φράσεις δεν ταιριάζει το «που».

α) Πού είναι τα γυαλιά μου;
β) Το παιδί που περιμένει στην πόρτα είναι ο γιός του.
γ) Νομίζω που δεν ξέρεις τι λες.
δ) Συγνώμη που άργησα.

10. Ποιά λέξη δέν ταιριάζει στη σειρά;

α) ταπετσαρία
β) παραβάν
γ) κουρτίνα
δ) αυλαία

11. Ο Δημήτρης δεν _____ το λεωφορείο και άργησε στο ραντεβού του.

α) έπιασε
β) έφτασε
γ) πέρασε
δ) πρόλαβε

❖ *8.β. Στις*
Bei konkreten Zeitangaben (Daten und Uhrzeiten) tritt die Präposition σε vor den Artikel, z.B. στις 2 Δεκεμβρίου, στις 6 και μισή.
Merke: Zeiträume (Jahre, Jahreszeiten, Monate und Wochen) stehen mit einfachem Artikel im Akkusativ, z. B το 2001, τον Χειμώνα, τον Αύγουστο, την Τρίτη.

❖ *9.γ. Richtig wäre: νομίζω ότι. (νομίζω verbindet sich immer mit ότι)*
α: πού (mit Betonung) = wo, β: που (ohne Betonung) = der/die/das als Relativpronomen, δ: που (ohne Betonung) = dass als Konjunktion

❖ *10.α. ταπετσαρία = Tapete*
β: Wandschirm, γ: Gardine, δ: Vorhang (im Theater)

❖ *11.δ. πρόλαβε*
Προλαβαίνω κάτι = etwas rechtzeitig machen/erreichen
δεν προλαβαίνω κάτι = keine Zeit für etwas haben, verpassen

12. «Σας αρέσουν τα ελληνικά γλυκά;» Ποιά είναι η σωστή απάντηση;
α) όχι, καθόλου
β) δεν, καθόλου
γ) λίγο καθόλου
δ) μ' αρέσουν καθόλου

13. Ποιά είναι η πιό ευγενική φράση;
α) «Κύριε Νίκο, σου αρέσει η ποπ μουσική;»
β) «Νίκο, σου αρέσει η ποπ μουσική;»
γ) «Ρε Νίκο, σου αρέσει η ποπ μουσική;»
δ) «Κύριε Νίκο, σας αρέσει η ποπ μουσική;»

14. Τι είναι λάθος; «Παίρνετε ακόμα ηρεμιστικά;»
α) «Όχι, δεν πιά τα χρειάζομαι.»
β) «Όχι πιά, δεν τα χρειάζομαι.»
γ) «Όχι, δεν τα χρειάζομαι πιά.»
δ) «Όχι, πιά δεν τα χρειάζομαι.»

15. Δίνει το τηλέφωνό του στην Αλίκη. Τί είναι σωστό;
α) Της δίνει το τηλέφωνό του.
β) Δίνει της το τηλέφωνό του.
γ) Δίνει το τηλέφωνό του της.
δ) Της το τηλέφωνο του δίνει.

❖ *12.α. όχι, καθόλου = nein überhaupt nicht*
❖ *13.δ. «Κύριε Νίκο, σας αρέσει η ποπ μουσική;»*
γ: 'Ρε...' etwa: „Hey...! (ist umgangssprachlich) und wird nur gebraucht, wenn man den Gesprächspartner sehr gut kennt.
❖ *14.α.*
Merke: Zwischen δεν und dem Verb dürfen nur θα oder ein Personalpronomen stehen.
❖ *15. α. Της δίνει το τηλέφωνό του.*
Merke: Das Personalpronomen steht immer vor dem Verb: δεν μου λέει την αλήθεια, του δίνει ένα φιλί etc.

Personalpronomen (Kurzform)

	Singular			*Plural*		
Dativ -	*μου*	*σου*	*του,της, του*	*μας*	*σας*	*τους, τους, τους*
Akkusativ	*με*	*σε*	*τον, την, το*	*μας*	*σας*	*τους, τις, τα*

δέκατη τρίτη ενότητα 13

1. «Να κλείσεις την πόρτα, σε παρακαλώ.» σημαίνει;

α) Κλείνεις την πόρτα, σε παρακαλώ;
β) Κλείσε την πόρτα, σε παρακαλώ.
γ) Θα κλείνεις την πόρτα, σε παρακαλώ;
δ) Μπορείς να κλείσεις την πόρτα, σε παρακαλώ;

2. Η Χριστίνα είναι 30 χρονών αλλά δείχνει το πολύ 25. Τί σημαίνει εδώ «δείχνει»;

α) Δείχνει ποιά είναι.
β) Φαίνεται μόνον 25 χρονών.
γ) Λέει ότι είναι 25 χρονών.
δ) Φαίνεται μεγαλύτερη.

3. Τί δε μπορούμε να πούμε (sagen) στην Ταβέρνα;

α) «Μου φέρνετε έναν μουσακά παρακαλώ;»
β) «Εγώ θα ήθελα ένα σουβλάκι.»
γ) «Φέρτε μου μία μπύρα, παρακαλώ.»
δ) «Κι εγώ θα πάρω τίποτα.»

ΛΥΣΕΙΣ ΔΕΚΑΤΗΣ ΤΡΙΤΗΣ ΕΝΟΤΗΤΑΣ

- *1.β. Κλείσε την πόρτα, σε παρακαλώ.*
  Der Imperativ kann auch gebildet werden durch να + Verb mit Präsens - oder Aoriststamm
- *2.β. φαίνεται μόνον 25 χρονών = sie erscheint wie 25*
  Το πολύ benutzt man in der Beteutung weitensgehend, höchstens, spätenstens
- *3.δ. Richtig wäre: «...δεν θα πάρω τίποτα.»*
  Hier fehlt die Negation δεν vor dem Verb.
  Merke: Steht τίποτα in einem Satz, muss das Verb zusätzlich mit der Negation δεν versehen werden. Das gleiche trifft für καθόλου, κανένας/καμία/κανένα etc. zu.

4. Πως είναι η φράση στο Μέλλοντα (Futur);
Γυρίζω κάθε βράδυ στις 8.

α) Απόψε το βράδυ γυρίζω στις 8.
β) Θα γυρίζω τα βραδυα στις 8.
γ) Γυρίζω συνήθως στις 8.
δ) Το βράδυ θα γυρίσω στις 8.

5. Σήμερα πρέπει _____ _____ νωρίς στο σπίτι.

α) να περάσω
β) να γυρίσω
γ) να πληρώσω
δ) να φορέσω

6. Η Βασούλα θέλει να καλέσει
στα γενέθλιά της όλες _____ φίλες της.

α) τις
β) της
γ) την
δ) οι

7. _____ πάω στο γραφείο στις 8.οο.

α) Αμέσως
β) Νωρίς
γ) Πόσο
δ) Συνήθως

❖ *4.β. Θα γυρίζω τα βράδια στις 8.*
θα + Verb mit Präsensstamm (κάθε βράδυ: Wiederholung)

❖ *5.β. να γυρίσω*

❖ *6.α. τις*
Akkusativ Plural Femininum

❖ *7.δ. συνήθως = für gewöhnlich*
α: sofort, β: früh, γ: wie viel

❖ *8.δ. ήξερε*
Das Verb ξέρω hat nur eine Form für Imperfekt und Aorist. Dies trifft auch bei anderen Verben zu wie περιμένω, κάνω u.a.m.
γ. ξέρασε: Aorist von ξερνάω (kotzen).

8. Η Κατερίνα δέν _____ ότι ο Τάσος την περίμενε έξω από το μουσείο.

α) ξέρεις
β) έξερε
γ) ξέρασε
δ) ήξερε

9. Όταν θέλουμε να κοιμηθούμε κλείνουμε _____.

α) τις βλεφαρίδες
β) τις ματιές
γ) τα μάτια
δ) τα φρύδια

10. Τι είναι λάθος;

α) Αυτό είναι το γραφείο του Μάριου.
β) Βλέπεις τι όμορφο είναι το φόρεμα της Κάτιας;
γ) Η αδελφή της Αθηνά είναι δασκάλα.
δ) Μου δίνεις σε παρακαλώ το τηλέφωνο του Γιώργου;

11. Χτες _____ όλη την ημέρα.

α) βρέχει
β) έβρεξε
γ) βρέξει
δ) έβρεχε

❖ *9.γ. τα μάτια*
α: Wimpern, β: die Blicke, δ: die Augenbrauen

❖ *10.γ. Richtig wäre: Η αδερφή της Αθηνάς...*
Merke: Feminina erhalten im Genitiv ein –ς, Maskulina hingegen verlieren das –ς.

❖ *11.δ. έβρεχε*
Hier liegt eine länger andauernde Zustand vor. Daher wird im Griechischen das Imperfekt verwendet. Im Imperfekt und Aorist rutscht die Betonung im Wort eine Silbe zurück. Beginnt das Verb mit einem Konsonanten, wird ihm ein Vokal vorangesetzt: βρέχει: έβρεξε / έβρεχε, τρέχω: έτρεξα / έτρεχα
Die Endungen für die Vergangenheit sind: εγώ έκαν-α, εσύ έκαν-ες, αυτός -ή -ό έκαν-ε, εμείς κάν-αμε, εσείς κάν-ατε, αυτοί -ές -ά: κάν-ανε (oder έκαναν).

12. Ποιό είναι το αντίθετο του «μιλάω»;

α) σιωπαίνω
β) μουρμουρίζω
γ) ψιθυρίζω
δ) προτείνω

13. Προχτές ______ μέ την Έλλη στο τηλέφωνο.

α) έμιλα
β) έμισα
γ) μίλησα
δ) μίλησα

14. Απόψε θα μείνουμε στο σπίτι. Ίσως να ____________________.
Τι είναι λάθος;

α) έχει κανένα καλό έργο στην τηλεόραση.
β) υπάρχει κάτι καλό στην τηλεόραση.
γ) τρέχει κανένα φιλμ στην τηλεόραση.
δ) δείξει κάτι καλό η τηλεόραση.

15. Τι δεν ταιριάζει στη σειρά;

α) μύδια
β) χείλια
γ) μύτη
δ) μάτια

❖ *12.α. σιωπαίνω (auch σωπαίνω und σιωπώ) schweigen*
β: murmeln, γ: flüstern, δ: vorschlagen.

❖ *13.γ. μίλησα (Aoristform wegen Einmaligkeit)*
α,β und δ existieren nicht.
Merke: Verben, die im Präsens auf der letzten Silbe betont werden (-ώ: αργώ, μπορώ, οδηγώ) bzw. auf -άω (μιλάω, γελάω) enden, bilden den Aorist auf -ησα (άργησα μίλησα etc.), -εσα (μπόρεσα etc.), -ασα (γέλασα etc.).

❖ *14.γ.*
Im Griechischen sagt man nicht: ein Film "läuft", sondern: παίζει, έχει, δείχνει ένα φιλμ.

❖ *15.α. μύδια = Muscheln*
β: Lippen, γ: Nase, δ: Augen

ΔΙΑΛΟΓΟΣ 6

Στο σταθμό*

- Δύο εισιτήρια γιά Πάτρα, παρακαλώ.
- Με επιστροφή;
- Οχι, απλά, πότε φεύγει το λεωφορείο;
- Στις τρεισήμισι, δηλαδή σε δέκα λεπτά, αλλά έχει θέσεις μόνο πίσω.
- Και πότε φεύγει το επόμενο;
- Σε δύο ώρες.
- Πφφφ! Τόσο αργά; Δώστε μας τότε δύο εισιτήρια γιά τώρα και ας είναι πίσω, τί να κάνουμε. Πόσο κάνουν;
- Είκοσι πέντε ευρώ.
- Ορίστε!
- Δεν έχετε ψιλά;
- Δε νομίζω, γιά να δώ,... μμ, δυστυχώς όχι.
- Καλά, δεν πειράζει. Ορίστε τα ρέστα σας! Στο νούμερο 10, από δώ δεξιά παιδιά!

(*) Bahnhof/Busbahnhof

❖ Σταθμός = Bahnhof/Busbahnhof ❖ στο= σε+Artikel im Akkusativ. Hier ist der Artikel nicht τον (Akk. Maskulin) sondern το, weil das folgende Wort mit Σ anfängt. Merke: Das auslautende ν entfällt bei β, γ, δ, ζ, θ, λ, μ, ν, ρ, σ, φ, χ. ❖ γιά Πάτρα: nach Patras ❖ εισιτήριο απλό ή με επιστροφή = Hin- oder Rückfahrkarte ❖ τρεισήμισι: halb vier. Siehe auch Lektion 3 Übung 5. Die Uhrzeit(η ώρα) ist Feminin: τρεις, τέσσερις oder τρεισήμισι, τεσσερισήμισι ❖ δώστε μας = Imperativ Plural von δίνω ❖ και ας είναι πίσω = auch wenn sie hinten sind. Ας in der Bedeutung von 'lass' ❖ τι να κάνουμε; = was sollen wir tun? ❖ ψιλά = Kleingeld

❖ από δω = hier, da lang, dort entlang

14 δέκατη τέταρτη ενότητα

1. Πως είναι ο τίτλος του γνωστού παραμυθιού «Ο _____ γάτος»;
α) ποδεμένος
β) παπουτσωμένος
γ) μποτεμένος
δ) καλτσωμένος

2. Δεν μπορώ να _____ πού έβαλα τα γυαλιά μου.
α) θυμηθώ
β) θυμάμαι
γ) θυμίζω
δ) θυμήθηκα

3. Τι ευχόμαστε σε ένα γάμο;
α) «Να ζήσετε!»
β) «Να τα εκατοστήσετε!»
γ) «Ζωή σε σας!»
δ) «Και του χρόνου!»

ΛΥΣΕΙΣ ΔΕΚΑΤΗΣ ΤΕΤΑΡΤΗΣ ΕΝΟΤΗΤΑΣ

- *1.β. παπουτσωμένος Partizip des Verbs παπουτσώνω (mit Schuhen versehen) Merke: Das Partizip verhält sich grammatikalisch wie ein Adjektiv und wird ebenso dekliniert wie z.B. παπουτσωμένος -η -ο, ερωτευμένος -η -ο, ντυμένος -η -ο.*
- *2.α. να θυμηθώ Konjunktiv Passiv mit Aoriststamm (einmalig, zielgerichtet) Merke: Die Endungen -ώ, -είς, -εί, -ούμε, -είτε, -ούν sind identisch mit denen der Aktivform Präsens, Futur, Konjunktiv. Der letzte Buchstabe des Aoriststammes in der Passivform ist in der Regel ein θ : να θυμηθώ, να σηκωθώ. Wenn ein Konsonant vor dem θ steht, wird dieses zu τ wie z.B. να σκεφτώ, να σκεπαστώ (σκεπάζομαι = sich zudecken).*
- *3.α Να ζήσετε (ein langes Leben)*
  β: sagt man zum Geburtstag (etwa: auf den Hundertsten), γ: sagt man, wenn jemand gestorben ist (etwa: euch möge das Leben weiter gehen) δ: bei Feierlichkeiten, die auch im folgenden Jahr wiederholt werden können, z.B. bei Geburtstagen, Namenstagen, zu Weihnachten und Ostern (etwa: auf ein Neues)

4. Τι είναι λάθος;

α) «Έφυγαν χωρίς εμένα.»

β) «Αυτό το γράμμα δεν είναι για με.»

γ) «Εμένα με λένε Νανά.»

δ) «Κοίταξέ με στα μάτια, μικρό μου.»

5. «Βασούλα! Περίμενε λιγάκι, έρχομαι αμέσως.»
Ποιά φράση είναι ίδια με αυτήν;

α) «Βασούλα! Περιμένεις λιγάκι; Έρχομαι αμέσως.»

β) «Βασούλα! Θα με περιμένεις λιγάκι; Έρχομαι αμέσως.»

γ) «Περίμενες πολύ Βασούλα; Γιαυτό έρχομαι αμέσως.»

δ) «Να με περιμένεις λιγάκι Βασούλα, έρχομαι αμέσως»

6. Οι Έλληνες αγαπούν _____ Γερμαν_____.

α) τις -ές

β) τους -ούς

γ) τους -ές

δ) οι-οί

7. Δεν πρέπει να δείτε αυτό το φιλμ γιατί θά _____.

α) φοβηθείτε

β) φοβίσετε

γ) φοβίζετε

δ) φοβάστε

❖ *4.β. Richtig wäre: για (ε)μένα*
Merke: Im Neugriechischen wird nach einer Präposition (από, γιά, με, σε, χωρίς, etc.) die starke Form des Personalpronomens verwendet: (ε)μένα, (ε) σένα, αυτόν, -ή, -ό etc.

❖ *5.δ. Να με περιμένεις λιγάκι Βασούλα, έρχομαι αμέσως.*
Der Imperativ kann auch mit να + Verbstamm (im Präsens oder Aorist) + Präsensendung gebildet werden. Beispiel: διάβαζε = να διαβάζεις (Präsensstamm), διάβασε = να διαβάσεις (Aoriststamm).

❖ *6.β τους -ούς*
Akkusativ Plural. Substantive auf -ος bilden den Akkusativ-Plural auf -ους.

❖ *7.α. θα φοβηθείτε: Futur Passiv (mit Aoriststamm weil einmalig)*
δ wäre hier auch möglich, drückt jedoch einen länger andauernden Zustand aus: Futur Passiv Präsensstamm: φοβάστε.
Das Futur Passiv als Ausdruck einer einmaligen Handlung wird wie folgt gebildet: θα + Aoristsstamm (Passiv) + Endung Aktiv Präsens.

8. Τι λέει ο γιατρός στον ασθενή; «Γιά να γίνετε καλά, κύριε Νίκο, _____!
α) πρέπει να πάρετε το φάρμακό σας κάθε μέρα!»
β) πρέπει να πήρατε το φάρμακό σας κάθε μέρα!»
γ) πρέπετε να παίρνετε το φάρμακό σας κάθε μέρα!»
δ) πρέπει να παίρνετε το φάρμακό σας κάθε μέρα!»

9. Δε θυμάμαι πού _____ _____τα κλειδιά μου.
α) έχω αφήνει
β) έχω αφήσει
γ) έχω αφήσω
δ) έχει αφήσω

10. Αυτή _____ η τελευταία του επιθυμία.
α) έδωσε
β) περίμενε
γ) άκουσε
δ) ήταν

11. Δε μπορείς να περιμένεις τόσο γρήγορα απάντηση, _____ χτες έστειλες το γράμμα.
α) μόλις
β) ότι
γ) πρώτα
δ) έτσι

Aoriststamm Endung Präsens Aktiv

εγώ:	*θα φοβηθ -ώ*	*εμείς:*	*θα φανταστ -ούμε*
εσύ:	*θα κοιμηθ -είς*	*εσείς:*	*θα θυμηθ -είτε*
αυτός -ή-ό:	*θα έρθ -ει*	*αυτοί -ές-ά:*	*θα λυπηθ -ούν*

Wichtig: Der letzte Stammbuchstabe ist meistens θ und selten τ.

❖ *8.δ. πρέπει να παίρνετε το φάρμακό σας κάθε μέρα!*
Konjunktiv mit Präsensstamm wegen der Wiederholung (να παίρνετε κάθε μέρα)
γ: die Verbform πρέπετε existiert nicht.
Merke: Das Verb πρέπει steht immer in der dritten Person Singular und wird nicht konjugiert (εγώ πρέπει, εσύ πρέπει...)

❖ *9.β. έχω αφήσει*
Das Perfekt wird mit dem Hilfsverb έχω + Verb mit Aoriststamm + -ει (immer in der dritten Person!) gebildet, z.B. έχω κάνει, έχουμε μιλήσει, έχεις έρθει, έχουμε καπνίσει, έχετε γράψει, έχουν κοιμηθεί.Nur das Hilfverb wird konjugiert.

12. Ποιό είναι το αντίθετο του «μπαίνω»;

α) μπάζω

β) βγαίνω

γ) ανεβαίνω

δ) κατεβαίνω

13. Α: «Έστειλες το δέμα στον Αντρέα;» Β: «_____.»
Τι λέει ο Β;

α) «Ναι, το του έστειλα.»

β) «Όχι, δεν έστειλα του.»

γ) «Ναι, έστειλα το.»

δ) «Οχι, δεν του το έστειλα.»

14. «Γιατί δεν έστειλες το δέμα; __________ αμέσως!»

α) το στέλνεις

β) να στέλνεις το

γ) στείλε το

δ) το στείλε

15. Η Λυδία λέει _____ δε θέλει να πάει στο θέατρο απόψε.

α) αν

β) να

γ) ότι

δ) μόλις

❖ *10.δ. ήταν*
Das Possesivpronomen kann auch nach dem Substantiv stehen (η τελευταία επιθυμία του).

❖ *11.α. μόλις = sobald, kaum, hier: soeben, gerade, erst*

❖ *12.β. βγαίνω (hinausgehen)*
α: einführen, hineintun, γ: nach oben bzw. hochgehen, δ: nach unten bzw. runtergehen

❖ *13.δ. Όχι, δεν του το έστειλα*
Merke: Im Griechischen steht in einem Aussagesatz mit mehreren Objekten das indirekte Objekt (Dativ) an erster Stelle, ihm folgt das direkte (Akkusativ) und dann das Verb. Beispiel: Δίνω στη Μαρία τα σπίρτα = της τα δίνω.

❖ *14.γ στείλε το (auch: στείλ'το)*
Merke: Im Imperativsatz steht das Objekt immer hinter dem Verb: Πες το, κοίτα το, πάρ'το (πάρε το).

❖ *15.γ. λέω ότι (auch: λέω πως ist möglich)*

15 δέκατη πέμπτη ενότητα

1. Η Σοφία λέει ότι δεν _____ _____ η Δημοτική μουσική.*

α) την αρέσει
β) της αρέσω
γ) την αρέσουν
δ) της αρέσει

** traditionelle Volksmusik*

2. «Μπορεί να φύγουμε για τη Γερμανία τα Χριστούγεννα.» σημαίνει:

α) Θα πάμε στην Γερμανία τα Χριστούγεννα.
β) Ίσως πάμε στη Γερμανία τα Χριστούγεννα.
γ) Δεν θα πάμε στην Γερμανία τα Χριστούγεννα.
δ) Θα φύγουμε από τη Γερμανία τα Χριστούγεννα.

3. Ποιά φράση είναι σωστή;

α) «Μας φέρνετε δύο καφέ, παρακαλώ;»
β) «Μας φέρνετε δύο καφέδες, παρακαλώ;»
γ) «Μας φέρνετε δύο καφές, παρακαλώ;»
δ) «Μας φέρνετε δύο καφέδια, παρακαλώ;»

ΛΥΣΕΙΣ ΔΕΚΑΤΗΣ ΠΕΜΠΤΗΣ ΕΝΟΤΗΤΑΣ

- *1.δ. της αρέσει = ihr gefällt In nordgriechischer Umgangssprache hört man auch α: την αρέσει. Personalpronomen werden dort meist im Akkusativ und selten im Dativ verwendet*
  Dativ: μου, σου, του-της-του, μας, σας, τους-τους-τους.
  Akkusativ: με, σε, τον-την-το, μας, σας, τους-τις-τα.
- *2. β. μπορεί να... = ίσως να... Das folgende Verb kann mit Präsens- (Dauer, Wiederholung) oder Aoriststamm (einmalig, zielgerichtet) verwendet werden. Nach ίσως kann das να weggelassen werden: ίσως (να) έρθουν μαζί σας, ίσως (να) ακούει τις ειδήσεις τώρα.*
- *3.β. «Μας φέρνετε δύο καφέδες, παρακαλώ;»*
  Einige Wörter bekommen eine zusätzliche Silbe im Plural, z.B. λεκές-λεκέδες, μεζές-μεζέδες, γιαγιά-γιαγιάδες, ταξιτζής-ταξιτζήδες etc.

4. Γράψτε τη συνέχεια: «Κάλλιο πέντε και στο χέρι παρά _____.»

α) αύριο το μεσημέρι
β) δέκα και στο πόδι
γ) δέκα και καρτέρει
δ) μέσ' στο καλοκαίρι

5. «Άκου αυτό που σου λέω χωρίς να κάνεις πολλές _____.»

α) ερωτήσεις
β) ερωτήσες
γ) ερωτήσους
δ) ερωτήσα

6. «Γιατί δεν πίνεις τον καφέ σου; Δεν σου αρέσει...

α) τον ελληνικό καφέ;»
β) τον ελληνικόν καφέ;»
γ) ο ελληνικό καφέ;»
δ) ο ελληνικός καφές;»

7. Όταν τελικά φτάσαμε στο σταθμό, το τραίνο _________.

α) έχει φύγει
β) είχε φύγει
γ) θα έχει φύγει
δ) θα είχε φύγει

❖ *4.γ. δέκα και καρτέρει (κάλιο = καλύτερα)*
Sprichwort, sinngemäß: Lieber einen Spatz in der Hand als eine Taube auf dem Dach. Wörtlich: Lieber fünf auf der Hand als zehn und warten.

❖ *5.α. ερωτήσεις (Akk. Plural), ερώτηση = Frage*
Merke: Wörter auf -ση, -ξη, -ψη bilden den Nominativ und Akkusativ Plural auf –σεις, z.B. υπόθεση-υποθέσεις, είδηση-ειδήσεις, πράξη-πράξεις (ξ=κσ), όψη-όψεις (ψ=πσ) etc. Ausnahmen: πόλη-πόλεις, δύναμη-δυνάμεις

❖ *6.δ. ο ελληνικός καφές*

❖ *7.β. είχε φύγει*

8. Ποιό είναι το σωστό;

α) Αυτό ότι έκανες ήταν μεγάλη ανοησία.
β) Αυτό όταν έκανες ήταν μεγάλη ανοησία.
γ) Αυτό πως έκανες ήταν μεγάλη ανοησία.
δ) Αυτό που έκανες ήταν μεγάλη ανοησία.

9. Μου χαλάει το κέφι όταν έχει συννεφιά και βροχή.
Τί σημαίνει «μου χαλάει το κέφι»;

α) είμαι χαρούμενη
β) είμαι θλιμμένη
γ) είμαι ήρεμη
δ) είμαι ευγενική

10. Βάλτε το σωστό άρθρο:

___ μπαρ	___ ταξί	___ παλτό	___ στιλό
___ μπουρμπουάρ	___ μαγιό	___ ασανσέρ	___ κομπιούτερ
___ πουλόβερ	___ ζαμπόν		

11. Χτες το βράδι __________ όλοι στο σπίτι του Γιάννη.

α) είμαστε
β) θα είμαστε
γ) ήμασταν
δ) θα ήμαστε

❖ *8.δ. αυτό που έκανες ήταν μεγάλη ανοησία (= Unsinn)*
Που fungiert als Relativpronomen in der Bedeutung der, die, das, oder das, was. Es bleibt gleich, sowohl in Singular wie auch in Plural und wird nicht dekliniert: το βιβλίο που διαβάζεις, οι ερωτήσεις που μου κάνετε, ψάχνω το γιατρό που μου έδωσε αυτά τα φάρμακα etc.

❖ *9.β. είμαι θλιμμένη = betrübt*
μου χαλάει το κέφι = es verdirbt mir die Stimmung

❖ *10. το μπαρ, το παλτό, το μπουρμπουάρ, το ανσανσέρ, το πουλόβερ, το ταξί, το στιλό, το μαγιό, το κομπιούτερ, το ζαμπόν. Hier handelt es sich um Fremdwörter. Die meisten Fremdwörter haben den Artikel το.*

❖ *11.γ. ήμασταν*

12. «Ευγενία! Με ποιόν _____ τόσην ώρα στο τηλέφωνο;»

α) μιλούσες
β) μίλησε
γ) μίλαγες
δ) μιλήσεις

13. Άν ________ κάνει αυτήν την δίαιτα ________ χάσει πέντε κιλά.

α) έχεις - έχεις
β) θα έχεις - θα έχεις
γ) είχες - θα είχες
δ) είχες - είχες

14. Τι φοράει η κοπέλα;

α) μπικίνι
β) σουτιέν
γ) κομπινεζόν
δ) μαγιό

15. «Έστειλες τα λουλούδια στη μητέρα σου γιά τη γιορτή της;»
«Ναι, _____ _____ έστειλα.»

α) της τα
β) τα της
γ) του τα
δ) τα του

❖ *12.α. (μιλούσες) oder γ. (μίλαγες)*
Merke: Verben auf -άω (μιλάω, πονάω, διψάω etc.) bilden das Imperfekt (Dauer, Wiederholung in der Vergangenheit) auf -ούσα oder -αγα, z.B.: μιλάω: μιλούσα - μίλαγα, πονάω: πονούσα - πόναγα, τραγουδάω: τραγουδούσα - τραγούδαγα.

❖ *13.γ. είχες - θα είχες*
Vermutung oder Wunschvorstellung θα + Imperfekt (θα έχανα, θα πήγαινα, θα μιλούσα). In der Vergangenheit: θα + Plusquamperfekt (θα είχα πάει, θα είχα μιλήσει, θα είχα οδηγήσει).

❖ *14.δ. μαγιό (Badeanzug)*
β: BH, γ: Unterrock.

❖ *15. α. της τα*
Als Kurzform: indirektes (Dativ/Genitiv) + direktes Objekt (Akkusativ) + Verb. Das indirekte Objekt ist das Personalpronomen im Dativ, das direkte Objekt ist das Personalpronomen im Akkusativ.

ΔΙΑΛΟΓΟΣ 7

Εκπτώσεις

Πωλήτρια: Μπορώ να σας βοηθήσω;

Ένας κύριος: Θά ήθελα ένα ζευγάρι κάλτσες, παρακαλώ.

Πωλήτρια: Τί κάλτσες, βαμβακερές;

Ένας κύριος: Όχι, μάλλινες, έχετε;

Πωλήτρια: Βεβαίως, τί νούμερο φοράτε;

Ένας κύριος: 44. Έχετε σε μαύρο χρώμα;

Πωλήτρια: Βεβαίως, ορίστε. Θέλετε και κάτι άλλο;

Ένας κύριος: Κι ένα ζευγάρι παντόφλες, στο 44.

Πωλήτρια: Ά, είστε τυχερός! Αυτές εδώ είναι με μάλλινη επένδυση κι είναι το τελευταίο ζευγάρι στο 44. Εκπτώσεις βλέπετε.

Ένας κύριος: Τέλεια! Θα τις πάρω κι αυτές. Τί οφείλω;

Πωλήτρια: Μισό λεπτάκι, όλα τα προϊόντα μας έχουν 30% έκπτωση. Λοιπόν, με την έκπτωση πληρώνετε 48 ευρώ, εντάξει;

Ένας κύριος: Σας δίνω πενηντάρι.

Πωλήτρια: Ορίστε τα ρέστα σας και η απόδειξη. Ευχαριστούμε.

Ένας κύριος: Κι εγώ ευχαριστώ, αντίο σας.

Πωλήτρια: Να πάτε στο καλό.

- *Εκπτώσεις = Schlussverkauf, έκπτωση = Preisnachlass*
- *να σας βοηθήσω = Konj. Aorist von βοηθάω*
- *θα ήθελα = ich möchte gerne, ich würde gerne*
- *βαμβακερές = aus Baumwolle*
- *μάλλινες = aus Wolle*
- *μάλλινη επένδυση = Wollfutter*
- *τα προϊόντα: Plural von προϊόν = Produkt, Ware*
- *απόδειξη = Quittung*

δέκατη έκτη ενότητα 16

1. Ποιά ερώτηση είναι πιό νορμάλ;

α) «Γιά φέρε μου μιά τυρόπιτα, ρε!»
β) «Θα μπορούσατε, αν έχετε την καλωσύνη, να μου φέρετε μία τυρόπιτα;»
γ) «Ε, ψιτ! Φέρε μου μιά τυρόπιτα!»
δ) «Μου φέρνετε μιά τυρόπιτα, παρακαλώ;»

2. Μία καλή _____ βοηθάει πολύ στην εκμάθηση* μιάς ξένης γλώσσας.

α) μέθοδος
β) μέθοδη
γ) μέθοδα
δ) μέθοδο

3. Ποιά φράση είναι λάθος;

α) «Κώστα, μου φέρνεις σε παρακαλώ λίγο νερό;»
β) «Καλημέρα σας κύριε Καραγκούνη.»
γ) «Έλα Καρολίνα μου, κάνε γρήγορα!»**
δ) «Καλώς ήρθατε κύριε Παπαδόπουλος.»

**Erlernen ** mach schnell, beeil dich*

ΛΥΣΕΙΣ ΔΕΚΑΤΗΣ ΕΚΤΗΣ ΕΝΟΤΗΤΑΣ

- *1.δ. Μου φέρνετε μιά τυρόπιτα, παρακαλώ;*
  α und γ: umpassend, ρε ist eine umgangsprachliche, Anrede (erlaubt unter Freunden), ψιτ: etwa: Hey, Mann! β: ist übertrieben freundlich
- *2.α. η μέθοδος*
  Feminina auf -ος werden wie Maskulina auf -ος dekliniert.
- *3.δ. Richtig wäre: κύριε Παπαδόπουλε*
  Wörter, die auf -ος enden bilden den Vokativ auf -ε.
  Kurzformen von längeren Namen wie z.B. Πάνος (Παναγιώτης), Νίκος (Νικόλαος) verlieren imVokativ nur das -ς: Πάνο! Νίκο!

4. «Πού είσαι Βασούλα μου, από το πρωί _____ ψάχνω.»

α) σου
β) σε
γ) του
δ) τε

5. «Τι λες καπετάνιε, να ρίξουμε την άγκυρα τώρα;»
«Όχι, _______________ ακόμα.»

α) δεν ρίξεις την
β) μην την ρίξεις
γ) δεν την ρίξεις
δ) μην ρίξεις την

6. Ξέρετε το παραμύθι «Η κοκκινοσκουφίτσα και ο κακός _____»;

α) σκύλος
β) ψύλλος
γ) λύκος
δ) γλάρος

7. Η πεθερά λέει στη νύφη: «Τον άντρα σου, να _____ ακούς και να μην ___ αντιμιλάς.»

α) τον - του
β) του - τον
γ) τον - τον
δ) του - του

❖ *4.β. σε*
Hier handelt es sich um ein direktes Objekt, daher steht das Personalpronomen im Akkusativ. δ existiert nicht.

❖ *5.β. μην την ρίξεις*
Merke: Die Negation im Imperativ ist immer μην. Das Verb hat immer Präsensendung unabhängig davon, ob es mit Aorist- oder Präsensstamm gebildet ist. Das Personalpronomen steht dann vor dem Verb. Für Imperativ mit 'να' gelten dieselben Regeln: να την ρίξεις, normaler Imperativ: ρίξε την (andere Endung, wobei das Personalpronomen am Ende steht).

❖ *6. γ. λύκος = Wolf*
α: Hund β: der Floh δ: die Möwe

❖ *7.α. τον - του*
Ακούω κάποιον = jemanden hören oder jemandem gehorchen.
γ ist in Nordgriechenland auch gebräuchlich

8. Ποιά φράση δεν είναι σωστή;

α) Το φαρμακείο είναι με τη γωνία.
β) Το φαρμακείο είναι κοντά στη γωνία.
γ) Το φαρμακείο είναι εκεί στη γωνία.
δ) Το φαρμακείο είναι μακρυά.

9. «Ηρεμήστε λιγάκι και μετά πέστε μου πώς _____ το δυστύχημα».

α) γίνεται
β) γινόταν
γ) έγινε
δ) γέμισε

10. Όταν _____ στο σχολείο _____ 3 ώρες κάθε μέρα.

α) πήγαινα - διάβασα
β) πήγα - διάβασα
γ) πήγα - διάβαζα
δ) πήγαινα - διάβαζα

11. Σήμερα στις ειδήσεις μίλησε ο πρωθυπουργός γιά την οικονομική πολιτική της κυβέρνησης. Τι σημαίνει εδώ «για»;

α) σε
β) γύρω από
γ) μετά από
δ) προς

❖ *8.α. Richtig wäre: είναι στη γωνία*

❖ *9.γ. έγινε*
Aorist von γίνομαι (3. Person Singular)
β: Imperfekt, δ: Aorist von γεμίζω (füllen).

❖ *10.δ. πήγαινα - διάβαζα*
Imperfekt (Dauer oder Wiederholung in der Vergangenheit).
Der Imperfekt wird mit dem Präsensstamm und den Endungen der Vergangenheit gebildet (-α, -ες, -ε, -αμε, -ατε, -αν(ε)).
Präsensstamm Endungen der Vergangenheit

εγώ	*πήγαιν -α*	*εσύ*	*αγόραζ -ες*	*αυτός, -ή, -ό*	*έπαιρν -ε*
εμείς	*διαβάζ -αμε*	*εσείς*	*κοιτάζ -ατε*	*αυτοί, -ές, -ά*	*έμεν -αν(ε)*

Merke: In der Vergangenheit (sowohl Imperfekt wie auch Aorist) wird die Betonung auf die vorhergehende silbe gelegt: αγοράζω - αγόραζα - αγόρασα, κοιτάζω - κοίταζα - κοίταξα. Wenn keine Silbe vorhergeht, wird ein Vokal (meistens ε) hinzugefügt: μένω - έμενα, παίρνω - έπαιρνα, θέλω- ήθελα.

12. Όταν λέμε «τα χαράματα» εννοούμε:

α) πολύ πρωί
β) το βραδάκι
γ) τή νύχτα
δ) το μεσημέρι

13. Το ξενοδοχείο μας ήταν όμορφο αλλά το φαγητό δεν έλεγε τίποτα. Τι σημαίνει «δεν έλεγε τίποτα»;

α) δεν ήταν άσχημο
β) δέν ήταν αρκετό
γ) δεν ήταν νόστιμο
δ) ήταν πολύ αλατισμένο

14. «Μπορείς _____ _____ _____ γιατί σκουπίζεις τα γυαλιά σου με τη γραβάτα μου;»

α) να μου μιλήσεις
β) να μου έλεγες
γ) να μου είπες
δ) να μου πεις

15. Πώς είναι ο πληθυντικός (Plural) της φράσης: «Αγάπα το δάσος.»

α) Αγαπάτε τα δάσια.
β) Αγαπάτε τα δάση.
γ) Αγαπάτε τα δάσα.
δ) Αγαπάτε τα δάσοι.

❖ *11.β. γύρω από*
❖ *12.α πολύ πρωί • τα χαράματα = Morgendämmerung*
❖ *13. γ. δεν ήταν νόστιμο*
(κάποιος-κάτι) δεν λέει τίποτα = jemand-etwas ist nichts Besonderes, ist nichtssagend
α: es war nicht schlecht, β: es war nicht genügend (αρκετός, -ή, -ό)
δ: es war sehr gesalzen
❖ *14.δ να μου πεις (Konjunktiv Aorist)*
❖ *15.β. Αγαπάτε τα δάση*
Ein Schild, das wegen der Brandgefahr häufig am Wald steht.
Merke: Neutra auf -ος bilden den Plural auf –η, z.B. το κράτος - τα κράτη (Staat), το μέρος - τα μέρη (Ort), το έθνος - τα έθνη (Nation).

δέκατη έβδομη ενότητα 17

1. Ο πατέρας του πατέρα μου είναι ο _____ μου.

α) πατήρ
β) μπαμπάς
γ) παππούς
δ) απόγονος

2. Υποφέρω πολύ που φεύγεις. Πίστεψέ με, είσαι η πρώτη γυναίκα που αγάπησα. Εύχομαι να με θυμάσαι και να μου _______ συχνά.

α) γράφεις
β) γράψεις
γ) έγραφες
δ) θα γράψεις

3. Οι αριθμοί 2, 4, 6, 8 κ.λπ. είναι

α) κοντινοί αριθμοί
β) ζυγοί αριθμοί
γ) μονοί αριθμοί
δ) συγγενείς αριθμοί

ΛΥΣΕΙΣ ΔΕΚΑΤΗΣ ΕΒΔΟΜΗΣ ΕΝΟΤΗΤΑΣ

❖ *1.γ. ο παππούς (Großvater)*
α: alte Form für Vater, β: Papa, δ: Nachkomme

❖ *2.α. γράφεις*
Konjunktiv mit Präsensstamm (Wiederholung, Dauer)

❖ *3.β. ζυγοί αριθμοί*
ζυγός αριθμός = gerade Zahl, γ: ungerade Zahlen (μονός αριθμός), a und δ sind keine festehenden Begriffe.

4. Αυτοί εδώ είναι οι δίσκοι μου. Είναι _____ _____.

α) δικά μου
β) δικές μου
γ) δικοί μου
δ) δικό μου

5. Πού δεν ταιριάζει η λέξη φόρμα;

α) Σήμερα δεν είμαι σε φόρμα.
β) Καθένας που πετάει με το αεροπλάνο στην Ελλάδα πληρώνει φόρμα αεροδρομίου.
γ) Η Κλαούντια Σίφφερ φορούσε μία όμορφη φόρμα.
δ) Υπάρχουν ειδικές φόρμες γιά κέϊκ.

6. Η πράξη: 2 + 5 = 7 είναι:

α) αφαίρεση
β) πρόσθεση
γ) πολλαπλασιασμός
δ) διαίρεση

7. Ξέρετε το παραμύθι «Η Χιονάτη και οι επτά _____»;

α) σωματοφύλακες
β) βοσκοί
γ) κυνηγοί
δ) νάνοι

❖ *4.γ. δικοί μου*
Das Wort δικός -ή -ό wird dekliniert wie ein Adjektiv. Es wird immer von einem Posessivpronom μου, σου, του, της, του, μας, σας τους begleitet, z.B.το σπίτι του, είναι δικό του

❖ *5.β. Richtig wäre: Καθένας που πετάει με το αεροπλάνο στην Ελλάδα πληρώνει* ***φόρο*** *(Steuer) αεροδρομίου.*
α: είμαι σε φόρμα = in Form sein, γ: Overall, δ: Kuchenform

❖ *6.β πρόσθεση =Addition*
α: Substraktion, γ: Multiplikation, δ: Division
η πράξη: hier in der Bedeutung von Rechnungsart

❖ *7.δ. νάνοι*
Χιονάτη = Schneewittchen, νάνος= Zwerg
α: σωματοφύλακας = Leibwächter, β: βοσκός = Schäfer, γ: κυνηγός = Jäger, δ: νάνος = Zwerg

8. Σε όλη τη διάρκεια της εφηβείας (Pubertät) της η Κάρλα έκανε ότι _____ για να εκνευρίζει τη μητέρα της.

α) μπόρεσε
β) μπορεί
γ) θα μπορέσει
δ) μπορούσε

9. «Καλή διασκέδαση» σημαίνει:

α) Χρόνια Πολλά
β) καλή όρεξη
γ) να περάσετε καλά
δ) καλή επιτυχία

10. Ποιά φράση είναι σωστή;

α) Αν φεύγεις αμέσως θα προλαβαίνεις το τραίνο.
β) Αν φύγεις αμέσως θα προλάβεις το τραίνο.
γ) Αν έφυγες αμέσως θα προλάβεις το τραίνο.
δ) Αν έχεις φύγει αμέσως θα προλάβεις το τραίνο.

11. «Αμάν πιά! _____ να σ' ακούω να λες τα ίδια και τα ίδια.»

α) Θυμήθηκα
β) Χρειάστηκα
γ) Κοιμήθηκα
δ) Βαρέθηκα

❖ *8.δ. μπορούσε*
Imperfekt wegen der Dauer

❖ *9.γ. να περάσετε καλά = viel Vergnügen*
α: Χρόνια Πολλά sagt man bei größeren Festen, Namenstagen etc.
β: καλή όρεξη = guten Appetit, δ: καλή επιτυχία = viel Glück, gutes Gelingen

❖ *10.β. Αν φύγεις αμέσως θα προλάβεις το τραίνο.*
αν + Konjunktiv Aorist + Futur, weil es hier um eine einmalige Handlung geht.
Merke: Bei αν, μόλις, όταν, αφού und πριν fällt das να (oder θα) weg, z.B. μόλις έρθετε πάρτε με τηλέφωνο, όταν βραδιάσει αναβουν τα φώτα

❖ *11.δ. βαρέθηκα (Präteritum von βαριέμαι = satt haben, sich langweilen)*
α: θυμήθηκα (Prät. v. θυμάμαι), β: χρειάστηκα (Prät. v. χρειάζομαι), γ: κοιμήθηκα (Prät. v. κοιμάμαι)

12. Περπατούσαν ήσυχα στο δάσος όταν ξαφνικά είδαν το φίδι. Τρόμαξαν τόσο πολύ που ______________.

α) το πήραν είδηση
β) το έβαλαν στα πόδια
γ) το πήραν με το καλό
δ) το έβγαλαν στη φόρα

13. «Μήπως ξέρεις πόσο κάνει ένα VW Polo στη Γερμανία;» «Δεν ξέρω ακριβώς, υπολογίζω όμως __________ 18.000€.»

α) πάνω-κάτω
β) που και που
γ) πέρα δώθε
δ) έτσι κι έτσι

14. Όταν ήμουν 16 χρονών _____τα βράδια και η μητέρα μου _____ πολύ.

α) μιλούσα - περνούσε
β) μπορούσα - διψούσε
γ) γελούσα - προχωρούσε
δ) αργούσα - ανησυχούσε

15. «Ωραίο το πουλόβερ σου, αλλά μου φαίνεται ότι σου _____ λίγο μεγάλο.»

α) πέφτει
β) ταιριάζει
γ) ρίχνει
δ) γυρίζει

❖ *12.β. το έβαλαν στα πόδια*
α: παίρνω είδηση = etwas merken, β: το βάζω στα πόδια = weglaufen - rennen,
γ: παίρνω (κάποιον, κάτι) με το καλό = jemanden vorsichtig/sanft behandeln,
δ: βγάζω στη φόρα = etwas verraten, weitererzählen

❖ *13.α. πάνω-κάτω = über den Daumen,*
β: ab und zu, γ: hin und her, δ: so lala

❖ *14.δ. αργούσα - ανησυχούσε Imperfekt wegen Wiederholung*
Merke: Verben auf -άω (αγαπάω, αγαπάς, αγαπάει...) und auf -ώ (μπορώ, μπορείς, μπορεί...) bilden das Imperfekt auf –ούσα, z.B. αγαπούσα, μπορούσα, etc.

❖ *15.α. πέφτει (πέφτω= fallen, ausfallen)*

ΔΙΑΛΟΓΟΣ 8

Στο αστυνομικό τμήμα

Μία κυρία: Καλησπέρα σας.

Αστυνομικός: Καλησπέρα σας, κυρία μου, τί συμβαίνει;

Μία κυρία: Μού έκλεψε κάποιος το πορτοφόλι μου στο Μετρό. Ήταν μέσα στην τσάντα μου. Δεν κατάλαβα πώς έγινε. Είχε πολύ στριμωξίδι, ξέρετε και...

Αστυνομικός: Ξέρω, ξέρω. Έτσι γίνεται συνήθως. Πρέπει να έχει κανείς τα μάτια του δεκατέσσερα στο Μετρό. Είχατε πολλά λεφτά μέσα;

Μία κυρία: Είχα περίπου διακόσια Ευρώ, αλλά και το διαβατήριό μου μέσα.

Αστυνομικός: Ω, αυτό είναι πρόβλημα. Καθίστε, παρακαλώ. Θα σας δώσω ένα έντυπο να το συμπληρώσετε με τα στοιχεία σας. Ορίστε!

Μία κυρία: Λέτε να βρεθεί;

Αστυνομικός: Δεν μπορώ να σας υποσχεθώ τίποτα. Συνήθως αυτοί οι πορτοφολάδες παίρνουν τα λεφτά και μετά πετάνε το πορτοφόλι με τα υπόλοιπα πράγματα στο δρόμο. Μπορεί και να βρεθεί το διαβατήριό σας. Αλλιώς θα πρέπει να απευθυνθείτε στο προξενείο σας.

Μία κυρία: Κατάλαβα. Έμπλεξα τώρα.

Αστυνομικός: Χρειάζεστε χρόνο αλλά και υπομονή.

❖ *αστυνομικό τμήμα: Polizeirevier* ❖ *τί συμβαίνει: Was ist passiert* ❖ *έκλεψε: Vergangenheit Aorist von κλέβω* ❖ *στριμωξίδι = Massenandrang* ❖ *να έχετε τα μάτια σας δεκατέσσερα: sehr gut aufpassen* ❖ *θα δώσω: Aorist von δίνω* ❖ *να βρεθεί: Konj. Aorist von βρίσκεται (εγώ βρίσκομαι)* ❖ *να υποσχεθώ: Konj. Aorist von υπόσχομαι* ❖ *πορτοφολάδες: Pl. von πορτοφολάς = Taschendieb* ❖ *να απευθυνθείτε: απευθύνεστε (εγώ απευθύνομαι)* ❖ *έμπλεξα: Vergangenheit Aorist von μπλέκω = jetzt bekomme ich Ärger*

18 δέκατη όγδοη ενότητα

1. Αν _____, _____ κι εγώ ένα ταξιδάκι στη Γερμανία.

α) μπόρεσα - να πάω
β) μπορώ - πήγα
γ) μπορούσα - θα πήγαινα
δ) μπορούσα - πήγα

2. Αν _____ έξι μήνες στην Ελλάδα θα _____ καλύτερα ελληνικά.

α) μένεις - μιλήσεις
β) έμεινες - μίλησες
γ) έμενες - μίλησες
δ) έμενες - μιλούσες

3. Ο Ρούντιγκερ προσπάθησε να νικήσει την αρρώστεια του, αλλά δεν _____ _____ τελικά.

α) τα έφερε
β) τα έκλεισε
γ) τα κατάφερε
δ) τα έπιασε

ΛΥΣΕΙΣ ΔΕΚΑΤΗΣ ΟΓΔΟΗΣ ΕΝΟΤΗΤΑΣ

❖ *1.γ. μπορούσα - θα πήγαινα*
Merke: Wunschform oder Konditional wird mit θα + Imperfekt gebildet: θα ήθελα, θα ερχόμουν, etc. Auf άν (Vermutung) folgt das Imperfekt, z.B. άν ήθελες, θα έβλεπες καθαρά την αλήθεια.

❖ *2.δ. έμενες - μιλούσες*

❖ *3.γ. τα κατάφερε*
Τα καταφέρνω = es schaffen, es fertig bringen (Ausdruck)

❖ *4.β. καπνός*
Wo Rauch ist, ist auch Feuer. Redewendung in der Bedeutung: Da ist was dran an der Sache.

4. Όπου υπάρχει _____ υπάρχει και φωτιά.

α) σπίρτο
β) καπνός
γ) φως
δ) ζέστη

5. «Πιάνω κουβέντα» σημαίνει:

α) αρχίζω να μιλάω με κάποιον
β) ακούω κάποιον να μιλάει
γ) σταματάω να μιλάω
δ) μιλάω σε άλλη γλώσσα

6. Όταν ήμουν μικρή _____ τις βροντές.

α) ερχόμουνα
β) λυπόμουνα
γ) ετοιμαζόμουνα
δ) φοβόμουνα

7. «Και να μην _____ να _____ το φάρμακό σου κάθε πρωί»

α) ξεχάσεις - πάρεις
β) ξέχασες - παίρνεις
γ) ξεχνάς - πάρεις
δ) ξεχνάς - παίρνεις

❖ *5.α. αρχίζω να μιλάω με κάποιον = ins Gespräch mit jdm. kommen*

❖ *6.δ. φοβόμουνα*
Hier wird Imperfekt verwendet, weil eine längere Zeit gemeint ist.
Die Endungen für das Imperfekt Passiv sind:

- όμουν(α)	*- όσουν(α)*	*- όταν(ε)*
- όμασταν	*- όσασταν*	*- ονταν / -όντουσαν*

❖ *7.δ. ξεχνάς - παίρνεις*
Konjunktiv (να + Verb) anstatt Imperativ. Hier Konjunktiv-Präsens wegen der Wiederholung, z.B. να κοιμάσαι νωρίς, να μιλάς σιγά etc.
Merke: Die Verneinung μην kommt zwischen να und das Verb. z.B. να μην οδηγείς γρήγορα, να μη λες ψέματα etc. Lediglich die Kurtzform des Personalpronomen (με, σε, τον, την, το, μας, σας, τους) kann zwischen der Verneinung und dem Verb stehen. z.B. δε σε ξεχνάω, δεν τον αγαπάει.

8. Ποιά φράση δέν είναι σωστή;

α) Είμαι πολύ θυμωμένη μαζί σου, που δεν με βοηθάς στη δουλειά μου.
β) Είμαι πολύ θυμωμένη μαζί σου, γιατί δεν με στη δουλειά μου βοηθάς.
γ) Είμαι πολύ θυμωμένη μαζί σου γιατί δεν με βοηθάς στη δουλειά μου.
δ) Επειδή δεν με βοηθάς στη δουλεία μου, είμαι θυμωμένη μαζί σου.

9. Εάν _____ αμέσως στο νοσοκομείο δε θα _____.

α) πήγε - πέθανε
β) πήγαινε - έχει πεθάνει
γ) είχε πάει - είχε πεθάνει
δ) έχει πάει - είχε πεθάνει

10. Ενώ _____ στην παραλία _____ ξαφνικά τον αγαπημένο της και η καρδιά της χτύπησε δυνατά.

α) περπατούσε - είδε
β) περπάτησε - είδε
γ) περπατούσε - έβλεπε
δ) περπάτησε - έβλεπε

11. Τι είναι λάθος; _____ το κεφάλι του όταν πίνει πολύ κρασί.

α) Τον (του) πονάει
β) Τον πιάνει
γ) Έρχεται
δ) Γυρίζει

❖ *8.β. Richtig wäre: Είμαι πολύ θυμωμένη μαζί σου, γιατί δεν με βοηθάς στη δουλειά μου.*

❖ *9.γ είχε πάει - είχε πεθάνει*
Konditional

❖ *10.α. περπατούσε - είδε*
Merke: Um aus zudrücken, dass eine in der Vergangenheit andauernde Handlung von einer anderen unterbochen wird, verwendet man in Nebensatz immer ενώ + Imperfect und im Hauptsatz den Aorist. z.B. ενώ διάβαζε χτύπησε η πόρτα, άκουσαν φωνές ενώ έπιναν ήσυχοι τον καφέ τους etc.

❖ *11.γ. έρχεται*
με oder μου πονάει το κεφάλι μου = με πιάνει το κεφάλι μου = ich habe Kopfweh, γυρίζει το κεφάλι μου = es ist mir schwindlig

12. Το Ηράκλειο είναι μία περιοχή (Bezirk) της Αθήνας που κατοικήθηκε _____ Γερμανούς στα μέσα του 19ου αιώνα.

α) σε
β) προς
γ) γιά
δ) από

13. Τι είναι λάθος; Με αυτό το βιβλίο μαθαίνεις ελληνικά στο _____.

α) άψε - σβήσε
β) τάκα - τάκα
γ) πέρα - δώθε
δ) πι και φι

14. Αν δεν _____ θα _____ τα ρούχα στον κήπο.

α) βρέχει - άπλωσα
β) βρέξει - άπλωνα
γ) έβρεχε - απλώσω
δ) έβρεχε - άπλωνα

15. Το ελαιόλαδο θεωρείται εθνικό _____ της πατρίδας μου.

α) λάδι
β) προϊόν
γ) μυστήριο
δ) αγώνισμα

❖ *12.δ. από*
Merke: Auf ein Verb im Passiv folgt die Präposition από z.B.το 'ελληνικό σπίτι' στη Λειψία χτίστηκε από τους Έλληνες.
κατοικήθηκε = wurde bewohnt, Passiv Aorist vom Verb κατοικώ

❖ *13.γ. πέρα - δώθε = hin und her*
α, β und δ bedeuten Schnelligkeit wie zack-zack, im Nu, ruck zuck

❖ *14.δ. έβρεχε - άπλωνα*
Konditionalsatz, s.o. Übung 1

❖ *15.β. το προϊόν= Produkt*
Merke: Dieses Substantiv gehört zu den Neutra mit eigener Deklination, die sowohl im Genitiv Singular wie auch in allen Fällen im Plural eine zusätzliche Silbe erhalten: Nom.: το προϊόν (Singular), τα προϊόντα (Plural), Gen.: του προϊόντος (S) των προϊόντων (Pl).
Dazu gehören το προσόν = Gabe, το φως = Licht, το καθήκον = Pflicht, το συμφέρον = Interesse, το παν = Ein und Alles, το σύμπαν = Weltall, το κρέας = Fleisch, το τέρας = Bestie, το γεγονός = Ereignis, το περιβάλλον = Umwelt etc.

Vorbemerkung zu Kap. 19 und 20

Die beiden folgenden Kapitel geben einen Einblick in die historisch gewachsenen gegenseitigen Beziehungen und Einflüsse zwischen Griechen und Deutschen.

In Kapitel 19 geht es um die Spuren der Regenschaft des ersten Königs von Griechenland, König Otto I. aus Deutschland. Sie begann 1832 kurz nach der Befreiung des griechischen Volkes von der jahrhundertelangen Osmanenherrschaft. In dieser Zeit wurden die im wesentlichen noch heute bestehenden administrativen Grundlagen geschaffen und auch die Gesetzgebung orientierte sich nach deutschen Vorbildern.

In Kapitel 20 wird Bezug genommen auf die noch weitaus länger zurückliegenden Handelsbeziehungen zwischen Griechen und Deutschen und die Verankerung und das gesellschaftliche Wirken einer griechischen Kolonie in Leipzig. Deren Spuren finden wir noch heute. Leipzig war das Zentrum des Auslandsgriechentums insbesondere im 17., 18. und 19. Jahrhundert.

δέκατη ένατη ενότητα 19

ΤΟ ΗΡΑΚΛΕΙΟ

Αυτό το ξέρατε;

Το Ηράκλειο είναι ένας δήμος της Αττικής, πολύ κοντά στην Αθήνα. Πήρε το όνομά του από το ναό του Ηρακλή που χτίστηκε στην αρχαιότητα. Γύρω στο 1830 ήταν ένα μικρό και ασήμαντο χωριό. Αργότερα κατοικήθηκε από Γερμανούς.

Οι σημερινοί κάτοικοι του Ηρακλείου είναι είτε Αθηναίοι που έφυγαν από την ασφυκτική Αθήνα γιά να ζήσουν ανθρώπινα είτε επαρχιώτες που ήρθαν εδώ, γιατί η Αττική τους παρέχει περισσότερες ευκαιρίες γιά μιά καλύτερη ζωή. Έτσι ο πληθυσμός του Ηρακλείου μετά τον πόλεμο αυξήθηκε κατακόρυφα. Σήμερα οι απόγονοι των παλιών κατοίκων είναι ελάχιστοι. Αυτό εξηγεί και το γεγονός ότι πολύ λίγοι από τους σημερινούς κατοίκους του Ηρακλείου γνωρίζουν την ιστορία του.

ΛΥΣΕΙΣ ΔΕΚΑΤΗΣ ΕΝΑΤΗΣ ΕΝΟΤΗΤΑΣ

❖ αυτό το ξέρατε; haben Sie es gewusst? ξέρατε Imperfekt oder Aorist (dieses Verb hat nur eine Form in der Vergangenheit ξέρω = wissen. ❖ που: Relativpronomen (der, die, das) ergänzt die Formen ο οποίος, η οποία, το οποίον (hier το οποίον) z.B. Το βιβλίο που διαβάζετε = το βιβλίο το οποίον διαβάζετε (das Buch, das Sie lesen) oder αυτό που μου λέτε = αυτό το οποίον μου λέτε (das, was Sie mir sagen). ❖ χτίστηκε: Passiv Aorist von χτίζομαι = gebaut werden. Aktiv: χτίζω =bauen ❖ κατοικήθηκε: Passiv Aorist von κατοικούμαι = ich werde bewohnt. Aktiv: κατοικώ (wohnen) ❖ για να ζήσουν ανθρώπινα: um menschlich zu leben. Konjunktiv Aorist (einmalig) von ζω ❖ επαρχιώτες: ο επαρχιώτης, η επαρχιώτησα = in der Provinz lebende Person ❖ ο πληθυσμός: die Bevölkerung ❖ αυξήθηκε: Passiv Aorist (einmalig, abgeschlossen) von αυξάνομαι = wachsen, zunehmen. Aktiv: αυξάνω ❖ κατακόρυφα: senkrecht. Hier: steil nach oben gegangen ❖ ελάχιστοι: sehr wenig (ελάχιστος,-η,-ο) ❖ και: in der Bedeutung von auch ❖ τους σημερινούς κατοίκους: ο σημερινός κάτοικος = der heutige Einwohner. Akkusativ Plural wegen der Präposition από

Μαρτυρία

Και νά τι μας λέει ο Έντουαρτ Ένγκελ* που επισκέφτηκε το Ηράκλειο στα μέσα του 19ου αιώνα:

(...) ο Υπάλληλος του σταθμού μας είπε ότι μπορούμε να περπατήσουμε μέχρι το Ηράκλειο και ότι ο δρόμος ήταν πολύ καλός. Ξεκινήσαμε λοιπόν, εγώ και ο Σπύρος, με τα πόδια προς τα εκεί. Φορούσαμε τα κυριακάτικα παπούτσια μας. Είχε βρέξει το προηγούμενο βράδυ. Ο «πολύ καλός δρόμος» σταμάτησε μετά από εκατό περίπου βήματα και συνεχίσαμε μέσα από χωράφια πηδώντας λακούβες με νερό και γλιστρώντας στις πέτρες γιά ακόμα μισή ώρα. Οταν φτάσαμε στο Ηράκλειο κουβαλούσαμε και ένα κομάτι της πατρίδας του συνοδού μου στις σόλες μας. Ο φίλος μου ο Σπύρος ρώτησε στα γερμανικά το ξανθό αγόρι που έπαιζε μπουνιές με τους φίλους του, πού είναι ο παπάς. Το παιδί κούνησε το κεφάλι του και είπε στα ελληνικά: «Δεν καταλαβαίνω». «Καλά, πώς σε λένε;» ρώτησε ο Σπύρος (επίσης στα ελληνικά). «Γιώργο Κέγκελμαπερ». «Ά! έτσι» είπε ο Σπύρος, και με κοίταξε. «Τώρα ξέρετε τί είναι το Ηράκλειο. Δεν σας έφερα εδώ μόνο για την ωραία ανοιξιάτικη βόλτα αλλά και γιά να σας δείξω ένα γερμανικό χωριό στην Αττική»

(...) Θέλαμε να βρούμε τον παπά αλλά επειδή ο Γιώργος Κέγκελμαπερ μας είπε ότι ήταν στην εκκλησία αποφασίσαμε να επισκεφτούμε τη μπυραρία Φιξ μιά και με τέτοια βρώμικα παπούτσια δεν μπορούσαμε να μπούμε στην εκκλησία. Τα αγόρια μας συνόδεψαν μέχρι εκεί. Ειχαν σκούρα μάτια, ξανθά μαλλιά και ξανθές βλεφαρίδες. Το πρόσωπό τους μπορούμε να πούμε ότι έχει μάλλον το ανοιχτό χρώμα του βορρά. Με τη γλώσσα όμως κάτι δεν πάει καλά. Το αυτί τους δεν ακούει τους γερμανικούς φθόγγους και η γλώσσα τους δένεται όταν πρέπει να πούνε μιά γερμανική λέξη. Ήδη με τον τρόπο που

Μαρτυρία

❖ *μαρτυρία: Zeugenaussage* ❖ *επισκέφτηκε: Aorist Passiv (einmalig) von επισκέπτομαι* ❖ *μπορούμε να περπατήσουμε: Wir können laufen. μπορώ + να + Konjunktiv (Präsens oder Aorist).* ❖ *με τα πόδια: zu Fuß* ❖ *πηδώντας: Partizip von πηδάω = springen, überspringen. Die Endung - ώντας bleibt unverändert (springend).* ❖ *γλιστρώντας: Partizip von γλιστράω = ausrutschen* ❖ *κουβαλούσαμε: Imperfekt (Dauer) von κουβαλάω = tragen, herbringen* ❖ *έπαιζε μπουνιές: sich balgen* ❖ *αλλά: hier: sondern* ❖ *γιά να: um, um zu. Nach να folgt Konjunktiv γιά να δείξω* ❖ *μιά και: da, wenn einmal* ❖ *τέτοια: τέτοιος, -α, -ο = solcher, -e, -es.* ❖ *μάλλον: eher* ❖ *κάτι δεν πάει καλά: etwas stimmt nicht* ❖ *τους φθόγγους: Akkusativ als Objekt vom Verb ακούω*

προφέρουν το όνομά τους καταλαβαίνει κανείς ότι η γερμανική γλώσσα έχει τελειώσει σαν ζωντανό είδος εδώ.
Ο ιδιοκτήτης κύριος Φιξ ο πιό αξιοσέβαστος κάτοικος του Ηρακλείου μιλάει ακόμα τέλεια βαυαρέζικα. Παράλληλα όμως, όπως επιβεβαιώνει ο κύριος Λάμπρος, και τέλεια ελληνικά. Το όνομα Φιξ -πρώην Φουξ (Fuchs)- είναι πολύ γνωστό στην Αθήνα γιατί ο γερο-Φιξ, ο πατέρας του οικοδεσπότη μας, είναι ο πρώτος παραγωγός μπύρας (ζυθοπαραγωγός) στην Αττική.**

(...) Τι είναι το Ηράκλειο; Κάποτε ένα χωριό με περίπου τριάντα σπίτια, μετά μία πηγή γιά ελληνική λαογραφία.

(...) Η ερώτηση είναι τι σημαίνει νεοέλληνας όταν σκεφτούμε τις αναμίξεις των Ελλήνων με τους κατακτητές από την αρχαία εποχή μέχρι σήμερα; Στο Ηράκλειο μπορούμε να πάρουμε την απάντηση. Πρέπει όμως να βιαστούμε. Κάθε χρόνο αλλάζει η ανάμιξη. Δεν είναι απίθανο ότι εγώ πρέπει να είμαι ο τελευταίος ταξιδιώτης που επισκέφτηκε το Ηράκλειο πριν γίνει τελείως ελληνικό.

(...) Η «κατάκτηση» του Ηρακλείου άρχισε γύρο στο 1840. Βαυαροί στρατιώτες, νέοι, που τελείωσαν τη θητεία τους και δεν ήθελαν να γυρίσουν πίσω στην πατρίδα, πήραν σαν δώρο από το βασιλιά Όθωνα ένα κομμάτι γης εδώ. Ο βασιλιάς ή και η βασίλισσα τους έδωσαν αρκετά χρήματα γιά να φτιάξουν σπίτια και γιά να καλλιεργήσουν τη γη. Μερικοί απο αυτούς παντρεύτηκαν Γερμανίδες, δηλαδή τις κόρες των τεχνιτών που έφεραν μαζί τους στην Ελλάδα οι Βίπελσμπαχ (Wittelsbach). Αλλά κάποιοι άλλοι αποφάσισαν να ζήσουν με Ελληνίδες και έτσι άρχισε η διάλυση αυτής της γερμανικής αποικίας.

❖ *ο φθόγγος = der Laur* ❖ *έχει τελειώσει: Perfekt von τελειώνω (ist beendet)* ❖ *ζωντανό: ζωντανός, -ή, -ό. Lebendig* ❖ *ο πιό αξιοσέβαστος: ο πιό, η πιά, το πιό + Adjektiv = Superlativ* ❖ *(hier: der angesehenste)* ❖ *τέλεια ελληνικά: Perfekt griechisch* ❖ *παραγωγός: Produzent* ❖ *όταν σκεφτούμε: wenn wir uns vorstellen. Bei Vermutung folgt Konjunktiv Aorist (σκεφτούμε) Präsens: σκεφτόμαστε* ❖ *πριν γίνει: Bevor (es) geworden ist. Πριν + Konjunktiv Aorist (γίνει) Präsens: γίνομαι*

(*) Eduard Engel, Griechische Frühlingstage, eine Reiseerzählung. Haupt & Hammon, Radebeul, o.J.

(**) Η μπύρα Φιξ είναι γνωστή μέχρι σήμερα και ήταν το πρώτο όνομα της μπύρας γιά πολλά χρόνια. Στο κτήριο της ζυθοποιίας Φιξ στην οδό Συγγρού στεγάζεται σήμερα το μουσείο μοντέρνας τέχνης.

Οι άντρες έμαθαν ελληνικά από τις γυναίκες τους, αντίθετα οι Ελληνίδες δεν έκαναν το ίδιο με τα γερμανικά. Τα παιδιά μιλούσαν τη γλώσσα της μητέρας τους. Οι Γερμανίδες γειτόνισσες έμαθαν από τις Ελληνίδες γειτόνισσες τα ελληνικά. Ακόμα και οι Γερμανοί μεταξύ τους μιλούσαν γερμανικά ανακατεμένα με ελληνικές καθημερινές λέξεις. Σε κάθε βήμα που έκαναν έξω από το σπίτι άκουγαν ή μιλούσαν ελληνικά. Έτσι, η ελληνική γλώσσα γίνεται σιγά-σιγά απαραίτητη. Χωρίς αυτή δεν μπορούν να επικοινωνήσουν με τον υπόλοιπο κόσμο. Τα παιδιά τους χρησιμοποιουν σαν πρώτη γλώσσα την ελληνική.
Σιγά-σιγά μπαίνουν στη ζωή τους και οι ελληνικές συνήθειες. Οι Βαυαροί δεν πίνουν πολλή μπύρα αλλά ρετσίνα, πάνε στοίχημα με τους Έλληνες ποιός θα πιεί πιό πολύ (και συνήθως βγαίνουν κερδισμένοι) και συμμετέχουν στις ελληνικές γιορτές. Μόνον τη θρησκεία τους διατηρούν. Αλλά γιά πόσο καιρό ακόμα; Δεν ήρθε εφοδιασμός από τη πατρίδα σε αυτήν την άγονη αποικία.

(...) Έτσι έγινε η δεύτερη γενιά μισοελληνική και η τρίτη τελείως ελληνική με γερμανική προέλευση. Και αυτό συμβαίνει παρ' όλο που υπήρχε και γερμανικό σχολείο. Δεν υπήρξε όμως διάδοχος του πρώτου γερμανού δασκάλου. Έτσι αναλαμβάνει ο παπάς το σχολείο. Όταν όμως έφυγε ο βασιλιάς Όθωνας από την Ελλάδα η μοίρα χτύπησε τη μικρή κοινότητα. Από γερμανικής πλευράς δεν βρέθηκε κανένας να ενδιαφερθεί με αγάπη γι' αυτή.

❖ *θητεία: Amtszeit (auch Militärdienst)* ❖ *ένα κομάτι γης: ein Stück Land* ❖ *γιά να καλλιεργήσουν: Konjunktiv. Aoriststamm (einmalig) um... zu καλλιεργώ= kultivieren, anbauen* ❖ *τα γερμανικά: die deutsche Sprache (τα ελληνικά=griechisch) μεταξύ τους: unter sich. Μεταξύ μας = Unter uns, μεταξύ σας = unter euch, etc.* ❖ *σε κάθε βήμα: bei jeden Schritt* ❖ *άκουγαν ή μιλούσαν: Imperfekt (Dauer, Verlauf) von ακούω und μιλάω.* ❖ *σαν πρώτη γλώσσα: als Hauptsprache* ❖ *πάνε στοίχημα: πάω στοίχημα = wetten* ❖ *θα πιεί: Zukunft mit Aoriststamm (einmalig) von πίνω* ❖ *άγονη: unfruchtbar* ❖ *υπήρχε: Imperfekt von υπάρχω (wegen der Dauer)* ❖ *υπήρξε: Aorist (einmalig) von υπάρχω. Υπάρχει = es gibt, existiert* ❖ *αναλαμβάνει: übernehmen (αναλαμβάνω)* ❖ *να ενδιαφερθεί: Konjunktiv Aorist (einmalig, zielgerichtet) von ενδιαφέρομαι*

Ο παπάς που συνάντησα εγώ τον Μάη του 1886 είναι ο τελευταίος που μπορούσε τουλάχιστον να μιλάει γερμανικά. Αυτός ο τελευταίος και πιστός βοσκός του άθλιου χωριού που τον έλεγαν Αρμάγο, ήταν Ελληνας από τη Σύρο, ήταν καθολικός και είχε κάνει σπουδές στο Μόναχο. Αγαπούσε τους Γερμανούς και τη γερμανική φιλολογία και ήταν για πολύ καιρό ο φύλακας του ξένου ανθρώπινου υλικού που του εμπιστευτηκαν. Με τον καιρό όμως, έγινε το φορτίο του πολυ βαρύ. Αισθανόταν ότι έχει το ιερό χρέος να κάνει την κοινότητα να διατηρήσει την γερμανικότητά της και κατάφερε να κάνει το θαύμα: αν και ήταν Έλληνας να παίζει το ρόλο του φύλακα της γερμανικής γλώσσας.
Είχε επιμείνει να υπάρχει μάθημα γερμανικών στο σχολικό πρόγραμμα. Βέβαια τα παιδιά μπορεί να διάβαζαν, αλλά δεν καταλάβαιναν τίποτα πιά. Ο καημένος έπρεπε να εξηγεί στα ελληνικά ακόμα και την γερμανική γραμματική. Τέλος μπήκε οριστικά και στην εκκλησία η ελληνική γλώσσα. Οι πιό πολλές γυναίκες ήταν Ελληνίδες και έτσι ήταν δύσκολο γιά τον παπά να πολεμάει να διατηρήσει μιά κουλτούρα και μιά γλώσσα πού δεν ήταν δικές του και που ακόμα και οι ίδιοι οι Γερμανοί δεν φρόντισαν να κρατήσουν.
Έτσι κουρασμένος και απογοητευμένος από όλη αυτή την προσπάθεια τα μάζεψε και έφυγε. Λίγες μέρες πριν φύγω απ'την Ελλάδα, τον συνάντησα στο πλοίο για την Κέρκυρα.
Σήμερα τίποτα στο Ηράκλειο δεν θυμίζει την ιστορία του. Η γερμανική κουλτούρα αφομοιώθηκε από την ελληνική.

❖ ο φύλακας: Hüter ❖ του ανθρώπινου υλικού: (Gen.) des Menschengutes ❖ που του εμπιστεύτηκαν:.., das ihm anvertraut wurde. ❖ Wenn auf Deutsch die dritte Person bei unbestimmten Zusagen (z.B. es wird gesagt, es wurde ihr gezeigt etc) verwendet wird, wird auf Griechisch die dritte Person Plural verwendet (z.B. λένε, της δείξανε etc.) ❖ αισθανόταν: Imperfekt (Dauer) von αισθάνομαι. ❖ αν και: obwohl ❖ το σχολικό πρόγραμμα: der Stundenplan ❖ μπορεί να: es kann sein, dass. Das Verb μπορεί (in der Bedeutung von es kann sein) bleibt in der dritten Person unabhängig von der Ausgangsperson. ❖ έπρεπε να: Imperfekt von πρέπει (müssen). Dieses Verb gibt es nur in der dritten Person. Wenn ein anderes Verb folgt wird die Verbindung να notwendig. ❖ τα μάζεψε και έφυγε: Aorist, τα μαζεύω και φεύγω = die Sachen packen und weggehen (entgültige Entscheidung). ❖ αφομοιώθηκε: Aorist von αφομοιώνομαι = assimilieren ❖ στεγάζεται: ist untergebracht

20 εικοστή ενότητα

ΟΙ ΕΛΛΗΝΕΣ ΤΗΣ ΛΕΙΨΙΑΣ*

Η ελληνική παροικία της Λειψίας θεωρείται η πιο παλιά και, για πολλούς, η πιο σημαντική στη Γερμανία.
Γύρω στο 1700 γίνεται λόγος για «ένα ελληνικό σπίτι», ένα κτίριο δηλαδή που έγινε ο τόπος συνάντησης ελλήνων εμπόρων, λογίων και φοιτητών για πάρα πολλά χρόνια. Μπορούμε να πούμε λοιπόν ότι τουλάχιστον από τότε υπάρχει μια οργανωμένη κοινωνία Ελλήνων στη Λειψία.
Ας δούμε λοιπόν ποιοι ήταν οι λόγοι που οδήγησαν τους Έλληνες να μεταναστεύσουν εκεί.
Η Λειψία ήταν και είναι γνωστή για την (τη) διεθνή - εμπορική έκθεσή της. Επίσης, είναι μια πόλη με μεγάλη παράδοση στα γράμματα και τις τέχνες. Γι αυτό ήταν ένας πόλος έλξης τόσο για τους εμπόρους, όσο και για τους ανθρώπους του πνεύματος απ' όλον τον κόσμο.

ΛΥΣΕΙΣ ΕΙΚΟΣΤΗΣ ΕΝΟΤΗΤΑΣ

Παροικία = Gemeinschaft, Kolonie, Community ❖ θεωρείται: gilt (3. Pers. Präsens Passiv Form) ❖γίνεται λόγος: man spricht von, es ist die Rede von. Γίνομαι = werden, stattfinden. ❖ τόπος συνάντησης: Treffpunkt ❖ λογίων (Genitiv Plural): ο λόγιος, οι λόγιοι = die Gelehrten.❖ μπορούμε να πούμε: wir können (auch dürfen) sagen ❖ λοιπόν: also, nun ❖ οργανωμένη: οργανωμένος, -η, -ο = organisierte(r) ❖ οι λόγοι: (ο λόγος) = der Grund, die Rede ❖ να μεταναστέψουν: Konjunktiv Aorist (einmalig, zielgerichtet) von μεταναστεύω = emigrieren ❖ η παράδοση =Tradition ❖ τα γράμματα και οι τέχνες: Oberbegriff für Bildung,Wissenschaft und Kunste ❖ πόλος έλξης = Anziehungspol ❖ τόσο... όσο: sowohl... als auch ❖ Ο άνθρωπος του πνεύματος = der Gebildete, der Intellektuelle. (Το πνεύμα = der Geist)

(*) Zu den folgenden Ausführungen vgl. auch "Griechen in Leipzig - damals und heute", Heft 4 der Schriftenreihe "Europäer in Leipzig damals und heute", Leipzig 1999. Herausgeber: Europahaus Leipzig e.V.

Η ζωή για τους Έλληνες που ζούσαν στην Οθωμανική Αυτοκρατορία ήταν δύσκολη. Γι αυτό άρχισαν να αναζητούν πιο ασφαλή μέρη για να ζήσουν. Έτσι, πολλοί από αυτούς, κυρίως έμποροι και άνθρωποι του πνεύματος, άρχισαν σιγά-σιγά να μετακινούνται από το Νότο προς το Βορρά. ‘Ενας από τους προορισμούς τους ήταν και η Λειψία. Οι πρώτοι Έλληνες που έφτασαν εκεί ήταν έμποροι.

Στην Έκθεση της Λειψίας έφθαναν τα ελληνικά καραβάνια για να πουλήσουν μετάξι, καπνό, μπαχαρικά και βαμβάκι. Οι Έλληνες ξεχώριζαν τόσο για τα προϊόντα τους, όσο και για την εμφάνισή τους. Αυτό επιβεβαιώνει κι ο Γκαίτε (Goethe) στην αυτοβιογραφία του «Dichtung und Wahrheit» ο οποίος αναφέρει ότι εντυπωσιάστηκε από την αξιόλογη και ευπαρουσίαστη εμφάνιση των Ελλήνων στην Έκθεση της Λειψίας.

Το 1764 η κυβέρνηση της Σαξωνίας επέτρεψε την εγκατάσταση των ξένων και έτσι πολλοί έλληνες έμποροι αποφάσισαν να μείνουν εκεί για μεγάλο χρονικό διάστημα. Κάποιοι από αυτούς, μάλιστα, έφτιαξαν τις δικές τους φίρμες. Στην καπνοβιομηχανία ήταν πρωτοπόροι και, μάλιστα, κρατούσαν στα χέρια τους ένα σημαντικό μέρος της οικονομίας της περιοχής για πολλά χρόνια.

Σιγά-σιγά έρχονται στη Λειψία και Έλληνες που ασχολούνται με τα Γράμματα και τις Τέχνες. Για πολλά χρόνια ζουν εκεί έλληνες λόγιοι. Κάποιοι απ’ αυτούς σπουδάζουν ή διδάσκουν στο πανεπιστήμιο, ειδικά στο χώρο της κλασσικής αλλά και της νεοελληνικής φιλολογίας.

❖ πιό ασφαλή: sicherer. Adjektiv: ο|η ασφαλής, το ασφαλές wegen Plural Neutrum die Endung -η ❖ μέρη: Plural von το μέρος = der Ort. Neutra auf –ος (wie auch auf –ες) bilden den Plural auf -η ❖ κυρίως: hauptsachlich, besonders ❖μετακινούνται:μετακινούμαι = sich bewegen ❖από το Νότο προς το Βορρά: von Süden nach Norden ❖ προορισμός: Ziel ❖ εμφάνιση: Aussehen, Erscheinungsbild, Gestalt ❖ο οποίος: Relativpronomen: ο οποίος, -α, -ο = welcher, -e, -es oder der, die, das. Dies kann auch durch που ersetzt werden ❖ εντυπωσιάστηκε: Passiv Aorist von εντυπωσιάζομαι = beeindruckt sein (hier 3. Pers. Sing.) Aktiv: εντυπωσιάζω = beeindrucken ❖ επέτρεψε: Präteritum von επιτρέπω = erlauben ❖ εγκατάσταση: Niederlassung ❖ μάλιστα: sogar ❖ πρωτοπόροι: Vorkämpfer ❖ σημαντικό: bedeutend, wichtig ❖ διανοούμενος = intellektuell ❖ κλασσική και νεοελληνική φιλολογία: klassische und neugriechische Philologie

Έτσι δημιουργείται η ελληνική παροικία της Λειψίας. Οι Έλληνες έχουν τα δικά τους σχολεία, εκκλησίες και νοσοκομεία. Στη Λειψία εκδίδονται εφημερίδες αλλά και τα πρώτα ελληνικά βιβλία που δεν είναι εκκλησιαστικά. Επειδή λοιπόν οι Έλληνες της Λειψίας ασχολούνται με το εμπόριο, ζουν σε μία πόλη με σχετική ελευθερία και τα παιδιά τους έχουν τη δυνατότητα να μορφωθούν, δημιουργούν μια ελληνική αστική τάξη εκτός Ελλάδας. Αυτή επηρεάζεται από τον γαλλικό Διαφωτισμό. Αρχίζουν να καλλιεργούνται επαναστατικές ιδέες που βοηθάνε τον αγώνα για την ανεξαρτησία της πατρίδας. Ο Γκαίτε αναφέρει ότι «Η επιθυμία να αποκτήσουν καλή μόρφωση στη Γερμανία τους βοηθάει στη σωτηρία της πατρίδας τους». Στη Λειψία οι Έλληνες νέοι έχουν την δυνατότητα να μελετήσουν τον ελληνικό πολιτισμό. Στην προσπάθεια των Ελλήνων για ανεξαρτησία βοήθησε το «Κίνημα των Φιλελλήνων». Οι φιλέλληνες ίδρυσαν συλλόγους για τη συμπαράσταση και την οικονομική βοήθεια προς τους Έλληνες. Στη Σαξωνία υπήρξαν αρκετοί φιλέλληνες. Ο πιό δημοφιλής ήταν ο Γουλιέλμος Κρουγκ (Wilhelm Krug) ο οποίος έγραψε το βιβλίο «Η Αναγέννηση της Ελλάδας».
Από τη Λειψία επίσης ξεκίνησε το «Σώμα των Φιλελλήνων» μια οργάνωση που αποφάσισε να πολεμήσει στο πλευρό των Ελλήνων για την εθνική τους ανεξαρτησία.
Συνεπώς, μπορούμε να πούμε ότι οι φιλέλληνες έπαιξαν σημαντικό ρόλο στην Ελληνική Επανάσταση.

❖ *εκδίδονται (εκδίδομαι) = erscheinen* ❖ *εκκλησιαστικά = kirchlich* ❖*σχετικός, -ή, -ό = relativ* ❖ *να μορφωθούν (KonjunktivAorist Passiv, 3. Pers. Plural von μορφώνομαι) = sich (aus)bilden. Aktiv: μορφώνω* ❖ *δημιουργεί: δημιουργώ = bilden, schaffen* ❖ *αστική τάξη = bürgerliche Klasse* ❖ *εκτός: außer,außerhalb. + Genitiv* ❖ *Διαφωτισμός: die Aufklärung* ❖*καλλιεργούνται: Präsens Passiv (3. Pers. Plural) von καλιεργούμαι* ❖ *επαναστατικός, -ή, ό = revolutionär* ❖*να αποκτήσουν (Konj. Aorist von αποκτώ) = bekommen* ❖ *Φιλέλληνες = Philellenen* ❖ *ίδρυσαν: Präteritum von ιδρύω = gründen* ❖ *συμπαράσταση = Solidarität, Unterstützung* ❖ *Αναγέννηση = Wiedergeburt* ❖ *«Σώμα των Φιλελλήνων": Corps der Philhellenen* ❖ *στο πλευρό:* ***auf seiten, zur Seite stehen*** ❖ *ανεξάρτησία = Unabhängigkeit* ❖ *Συνεπώς = folglich*

Adjektiv (Adj.) [επίθετο]: Eigenschaftswort, das im Maskulinum, Femininum oder Neutrum steht (ο καλός άντρας, η καλή γυναίκα, το καλό παιδί). Die Adjektive stimmen in Geschlecht, Zahl und Fall mit dem Substantiv überein.

Adverb (Adv.) [επίρρημα]: Umstandswort (ακριβώς, νωρίς, περίπου, σήμερα, σιγά, ετσι, βέβαια etc.). Adverbien werden nicht dekliniert.

Akkusativ (Akk.) [αιτιατική]: Vierter Fall. Beispiel: den Mann, τον άνδρα

Aorist (Präterltum) [αόριστος]: Bezeichnet eine vollendete oder punktuelle Handlung in der Vergangenheit. Der Aorist wird wie folgt gebildet: Aoriststamm + den Ton um eine Silbe zurücksetzen + Vergangenheitsendung (-α, -ες, -ε, -αμε, -ατε, -αν(ε)). Beispiel: der Aoriststamm vom Verb γυρίζω ist γυρισ-. Χτες γύρισα αργά στο σπίτι. Wenn es keine Silbc davor gibt wird, ein **ε** oder **η** davor gesetzt. Beispiel: Χάνω έχασα, ξέρω ήξερα

Aoriststamm [θέμα αορίστου]: Der unveränderbare Teil eines Verbs (Stamm) im Aorist. Mit dem Aoriststamm bilden wir das Präteritum (vollendete Vergangenheit) den Konjuktiv (Υποτακτική) mit **να** und das Futur mit **θα**, das heißt, die Form, die auf eine vollendete, einmalige oder punktuelle Handlung hinweist. Beispiel: χάνω, χαν = Präsensstamm, έχασα, χασ = Aoriststamm Präteritum (Aorist): έχασα το τραίνο, Zukunft: θα χάσω το τραίνο, Konjunktiv (Υποτακτική): μπορεί να χάσω το τραίνο etc.

Artikel [άρθρο]: Bestimmter Artikel: ο, η, το (der, die, das) und unbestimmter Artikel: ένας, μία, ένα (einer, eine, eins)

Dativ [δοτική]: Dritter Fall: dem Mann, der Frau. Im Neugriechischen gibt es diesen Fall nicht. Er wird mit der Präposition **σε** + Akkusativ umschrieben (indirektes Objekt).
Beispiel: Ich gebe dem Kind das Eis = δίνω στο (σε+το=στο) παιδί το παγωτό.

Diphthong [δίφθογγος]: 'Zwielaut' aus zwei verschiedenen Lauten: αι=ä, ει=i, οι=i, ου=u, αυ=aw od. af, ευ=ew od ef

Endung [κατάληξη]: Der Teil eines Wortes, der verändert (dekliniert, konjugiert) wird. Beispiel: γυναίκα - γυναίκες, βιβλίο - βιβλία, έχω - έχεις (έχ-ω, έχ-εις)

Femininum (Fem.) [θηλυκό]: Weiblich

Futur (Zukunft) [μέλλοντας]: Im Griechischen: mit **θα + Verb** im Präsens (Dauer oder Wiedeholung) oder Aoriststamm (punktuelle, einmalige Handlung)Beispiel: θα χάνω, θα χάσω

Genitiv (Gen.) [γενική]: Zweiter Fall. Er zeigt an, zu wem etwas gehört (des Mannes, der Frau, des Kindes, του άνδρα, της γυναίκας, του παιδιού).

Imperativ [προστακτική]: Wunsch- oder Befehlsform mit Präsensstamm: mehr als einmal. Mit Aoriststamm: nur einmal

Imperfekt [παρατατικός]: Vergangenheit der Dauer oder Wiederholung. Das Imperfekt wird wie folgt gebildet: Präsensstamm + Vergangenheitsendung (-α, -ες, -ε, -αμε, -ατε, -αν(ε)) Beispiel: γυρίζω - γύριζα. Wie beim Aorist geht die Betonung audie vorherige Silbe. Wenn es keine Silbe davor gibt, wird ein **ε** od. **η** davor gesetzt: χάνω έχανα, θέλω ήθελα.

Indikativ [οριστική]: Aussageform, Wirklichkeitsform

Komparativ [συγκριτικός βαθμός]: Vergleichsform des Adjektivs, erste Steigerungsstufe. Der Komparativ wird entweder mit **πιό + Adj.** dargestellt (Η Ντίνα είναι πιό μεγάλη από τη Γιάννα) oder in einem Wort, das aus dem **Adjektivstamm + -τερος-η-ο** gebildet wird
(Η Σοφία είναι μικρότερη από τη Ντίνα).

Konjunktiv [υποτακτική]: Wunsch- oder Möglichkeitsform des Verbs. Es fungiert zugleich als Infinitiv, den es im Neugriechishen nicht gibt. Er wird gebildet mit **να+Verb** im Präsensstamm (Dauer, Wiederholung) oder im Aoriststamm (punktuelle, einmallige Handlung). Beispiel: θέλω να διαβάζω, θέλω να διαβάσω.

Maskulin (Mask.) [αρσενικό]: Männlich

Neutrum [ουδέτερο]: Sächlich

Negation [άρνηση]: nein, nicht. όχι, δεν, μην

Nominativ: (Nom.) [ονομαστική]: Erster Fall

Objekt [υποκείμενο]: Im Neugriechishen gibt es lediglich ein Akkusativobjekt. Es folgt auf transitive Verben, bei denen man fragen kann: wen oder was. Beispiel: ich sehe den Mann, βλέπω τον άντρα.

Partizip I (aktiv) [ενεργητική μετοχή]: Präsensstamm + Endung –οντας oder ώντας τρώγοντας, τραγουδώντας. Beispiel: Περάσαμε την ημέρα διαβάζοντας. Das Partizip Aktiv wird nicht dekliniert.

Partizip II [παθητική μετοχή]: Es wird aus Verben im Passiv gebildet, endet immer auf -μένος-η-ο und wird wie die Adjcktive dekliniert. Beispiel: παντρεύομαι – παντρεμένος, λυπάμαι – λυπημένος

Plural [πληθυντικός]: Mehrzahl

Perfekt [παρακείμενος]: Vollendete Vergangenheit. Das Perfekt wird im Griechischen gebildet mit dem Hilfsverb **έχω**, dem Aoriststamm eines Verbs + der Endung **-ει** (dritte Person Singular). Konjugiert wird nur das Hilfsverb. Beispiel: έχω πάρει, έχεις γυρίσει, έχουμε παίξει.

Plusquamperfekt [υπερσυντέλικος]: Vollendete Vorvergangenheit. Sie wird gebildet mit dem Aorist des Hilfsverbs έχω, d.h. **είχα** + Aoriststamm + Endung **-ει**. Beispiel: Είχα διαβάσει, είχαμε γελάσει

Präposition [πρόθεση]: Beziehungswort/Verhältniswort (σε, γιά, με, από etc.)

Präsens [ενεστώτας]: Gegenwart

Präsensstamm [θέμα ενεστώτα]: Der Präsensstamm wird zur Bildung des Imperfekts, des Futurs, des Konjunktivs und des Imperativs verwendet, wenn Dauer oder Wiederholung augedrückt werden (**γράφ**-ω, έ-**γραφ**-α, θα **γράφ**-ώ, να **γράφ** ω, **γράφ-ε**).

Pronomen [αντωνυμία]: Fürwort
- Personalpronomen: gibt Antwort auf die Frage ποιός (εγώ, εσύ, etc.).
- Possessivpronomen: es steht als besitzanzeigendes Fürwort nach dem Substantiv und seinem Artikel. Beispiel: το παιδί μου, ο καφές σου

- Relativpronomen: ο οποίος, η οποία, το οποίο / όποιος-α-ο
  (der, die, das / welcher, welche, welches)
  Beispiel: ο άντρας ο οποίος πίνει μπύρα είναι Γερμανός.
  Für die Einleitung eines Relativsatzes wird im Neugriechischen
  jedoch meistens das Word **που** verwendet.
  Beispiel: Ο άντρας **που** πίνει ούζο είναι Έλληνας.
  Όποιος-α-ο + δήποτε = wer auch immer, jeder beliebige
- Demonstrativpronomen: αυτός-ή-ό (der, die, das),
  εκείνος-η-ο (jener, jene, jenes), τούτος-η-ο (dieser, diese, dieses)

Singular [ενικός]: Einzahl
Stamm [θέμα]: Der unveränderliche Teil des Wortes (**αγαπ**άω, **βουν**ά, **γραφ**είο, **ήλ**ιος, **φίλ**οι, **θάλασσ**α)

Subjekt [υποκείμενο]: Satzgegenstand

Substantiv [ουσιαστικό]: Hauptwort. Das Geschlecht der Substantive erkennt man am Artikel und an der Endung des Nominativs. **Ο** δρόμ**ος**, **η** γυναίκ**α**, **το** δέντρ**ο**

Superlativ [υπερθετικός βαθμός]: Zweite und höchste Steigerungsstufe des Adjektivs.
Sie wird gebildet durch:
Artikel + Komparativ (ο Νίκος είναι ο μεγαλύτερος.) oder
Artikel + πιο + Adjektivgrundform (ο Νίκος είναι ο **πιό** μεγάλος).

Verb [ρήμα]: Tätigkeitswort (σκέφτομαι, κάνω, γελάω, δίνω)

Transitive Verben [μεταβατικά ρήματα]: Aktive Verben, die auf die Frage wen oder was ein Akkusativobjekt erfordern

Vokativ [κλητική]: Direkte Anredeform bzw. Rufform.
Die Feminina und Neutra sowie der Plural der Maskulina stehen ohne Artikel.
Beispiel: Μαρία! παιδιά! κυρίες/κύριοι
Die männlichen Substantive bilden den Vokativ Singular ohne **–ς**. Beispiel: Κώστα! παππού! Männliche Substantive und Vornamen auf -os mit mehr als zwei Silben bilden den Vokativ auf **-ε**.
Beispiel: κύριε Γεράσιμε! γιατρέ!

Teil 2
Verben-Tabelle

Ενεστώτας: Präsens

Παρατατικός: Imperfekt
Dauer, Wiederholung in der Vergangenheit

Αόριστος: Präteritum (Aorist)
einmalig, zielgerichtet

Υποτακτική/Μέλλοντας: Konjunktiv/Zukunft
Mit Aoriststamm, einmalig, zielgerichtet

Wird mit dem Konjunktiv bzw. dem Futur eine andauernde, wiedrholte Handlung augedrückt, so wird die entsprechende Verbform mit dem Präsensstamm gebildet (να/θα αφήνω, να/θα διαβάζω).

Παρακείμενος: Perfekt
Das Plusquamperfekt wird wie das Perfekt gebildet, wobei das Hilfsverb (έχω) in der Vergangenheit steht (είχα).

Προστακτική: Imperativ
der Imperativ wird im Griechischen gewöhnlich mit Aoriststamm gebildet.

Nur, wenn Dauer oder Wiederholung betont werden, verwendet man den Imperativ mit Präsensstamm (πίνε κάθε πρωί το γάλα σου).

Ενεστώτας	Παρατατικός	Αόριστος

A

Ενεστώτας	Παρατατικός	Αόριστος
αγαπάω lieben, mögen	αγαπούσα	αγάπησα
αγγίζω berühren, anrühren	άγγιζα	άγγιξα
αγκαλιάζομαι umarmt werden	αγκαλιαζόμουν	αγκαλιάστηκα
αγκαλιάζω umarmen	αγγάλιαζα	αγκάλιασα
αγοράζω kaufen	αγόραζα	αγόρασα
αδειάζω leeren, räumen, auspacken	άδειαζα	άδειασα
αερίζομαι (durch) lüftet werden	αεριζόμουν	αερίστηκα
αερίζω kühlen, lüften	αέριζα	αέρισα
αδιαφορώ gleichgültig sein	αδιαφορούσα	αδιαφόρησα
αισθάνομαι fühlen, empfinden	αισθανόμουν	αισθάνθηκα
ακολουθώ folgen	ακολουθούσα	ακολούθησα
ακουμπάω berühren, lehnen, sich anlehnen	ακουμπούσα	ακούμπησα
ακού(γ)ομαι gehört werden, bekannt sein	ακουγόμουν	ακούστηκα
ακούω hören	άκουγα	άκουσα
ακριβαίνω teurer werden, den Preis heraufsetzen	ακρίβαινα	ακρίβυνα
αλείφω (be)schmieren, (be)streichen	άλειφα	άλειψα
αλείφομαι sich einreiben, sich eincremen	αλειφόμουν	αλείφτηκα
αλλάζω wechseln, tauschen	άλλαζα	άλλαξα
αλληλογραφώ korrespondieren	αλληλογραφούσα	αλληλογράφησα

Υποτακτική αορίστου	Παρακείμενος	Προστακτική
να/θα αγαπήσω	έχω αγαπήσει	αγάπησε, -ήστε
να/θα αγγίξω	έχω αγγίξει	άγγιξε, αγγίξτε
να/θα αγκαλιαστώ	έχω αγκαλιαστεί	αγκαλιάσου,-στείτε
να/θα αγκαλιάσω	έχω αγκαλιάσει	αγκάλιασε, -ιάστε
να/θα αγοράσω	έχω αγοράσει	αγόρασε, -άστε
να/θα αδειάσω	έχω αδειάσει	άδειασε, -άστε
να/θα αεριστώ	έχω αεριστεί	αερίσου, -στείτε
να/θα αερίσω	έχω αερίσει	αέρισε, αερίστε
να/θα αδιαφορήσω	έχω αδιαφορήσει	αδιαφόρησε, -ήστε
να/θα αισθανθώ	έχω αισθανθεί	αισθάνσου, -είτε
να/θα ακολουθήσω	έχω ακολουθήσει	ακολούθησε, -ήστε
να/θα ακουμπήσω	έχω ακουμπήσει	ακούμπησε,-μπήστε
να/θα ακουστώ	έχω ακουστεί	ακούσου, -στείτε
να/θα ακούσω	έχω ακούσει	άκουσε, -ούστε
να/θα ακριβύνω	έχω ακριβύνει	
να/θα αλείψω	έχω αλείψει	άλειψε, αλείψτε
να/θα αλειφτώ	έχω αλειφτεί	αλείψου, -φτείτε
να/θα αλλάξω	έχω αλλάξει	άλλαξε, -άξτε
να/θα αλληλογραφήσω	έχω αλληλογραφήσει	αλληλογράφησε, -φήστε

Ενεστώτας	Παρατατικός	Αόριστος
αμφιβάλλω zweifeln	αμφέβαλλα	αμφέβαλα
αναβάλλομαι verschoben,vertagen werden	αναβαλλόμουν	αναβλήθηκα
αναβάλλω verschieben, vertagen	ανέβαλλα	ανέβαλα
ανάβω (an)zünden, anmachen	άναβα	άναψα
αναγκάζομαι gezwungen werden	αναγκαζόμουν	αναγκάστηκα
αναγκάζω zwingen, nötigen	ανάγκαζα	ανάγκασα
αναγνωρίζομαι (wieder)erkannt, anerkannt werden	αναγνωριζόμουν	αναγνωρίστηκα
αναγνωρίζω (wieder, zu) erkennen, anerkennen	αναγνώριζα	αναγνώρισα
αναλαμβάνω übernehmen	αναλάμβανα	ανέλαβα
ανακαλύπτω entdecken	ανακάλυπτα	ανακάλυψα
ανακατεύω mischen, umrühren, durcheinander bringen, verwickeln	ανακάτευα	ανακάτεψα
αναπαύομαι sich ausruhen, entspannen	αναπαυόμουν	αναπαύτηκα
αναπνέω atmen, einatmen	ανάπνεα	ανάπνευσα
αναθρέφω + ανατρέφω großziehen, erziehen	ανάθρεφα + ανάτρεφα	ανάθρεψα
ανατριχιάζω eine Gänsehaut bekommen	ανατρίχιαζα	ανατρίχιασα
αναφέρω erwähnen	ανέφερα	
ανεβάζω hinauftragen, -bringen	ανέβαζα	ανέβασα
ανεβαίνω hinaufgehen	ανέβαινα	ανέβηκα
ανέχομαι dulden, ertragen	ανεχόμουν	ανέχτηκα
ανησυχώ jdn. beunruhigen, beunruhigt sein	ανησυχούσα	ανησύχησα

Υποτακτική αορίστου	Παρακείμενος	Προστακτική
να/θα αμφιβάλω	έχω αμφιβάλει	αμφέβαλε, -άλετε
να/θα αναβληθώ	έχω αναβληθεί	αναβλήσου, -θείτε
να/θα αναβάλω	έχω αναβάλει	ανάβαλε, αναβάλτε
να/θα ανάψω	έχω ανάψει	άναψε, -άψτε
να/θα αναγκαστώ	έχω αναγκαστεί	αναγκάσου, -στείτε
να/θα αναγκάσω	έχω αναγκάσει	ανάγκασε, -άστε
να/θα αναγνωριστώ	έχω αναγνωριστεί	αναγνωρίσου, -στείτε
να/θα αναγνωρίσω	έχω αναγνωρίσει	αναγνώρισε, -ίστε
να/θα αναλάβω	έχω αναλάβει	ανάλαβε, -άβετε
να/θα ανακαλύψω	έχω ανακαλύψει	ανακάλυψε, -ύψτε
να/θα ανακατέψω	έχω ανακατέψει	ανακάτεψε, -έψτε
να/θα αναπαυτώ	έχω αναπαυτεί	αναπαύσου, -είτε
να/θα αναπνεύσω	έχω αναπνεύσει	ανάπνευσε, -εύστε
να/θα αναθρέψω να/θα ανατρέψω	έχω αναθρέψει	ανάθρεψε, -έψτε
να/θα ανατριχιάσω	έχω ανατριχιάσει	ανατρίχιασε, -άστε
να/θα αναφέρω	έχω αναφέρει	ανάφερε, -έρετε
να/θα ανεβάσω	έχω ανεβάσει	ανέβασε, ανεβάστε
να/θα ανέβω	έχω ανεβεί	ανέβα, -ήτε
να/θα ανεχτώ	έχω ανεχτεί	ανέξου, ανεχτείτε
να/θα ανησυχήσω	έχω ανησυχήσει	ανησύχησε, -ήστε

Ενεστώτας	Παρατατικός	Αόριστος
ανοίγω öffnen, aufmachen	άνοιγα	άνοιξα
αντέχω standhalten, aushalten	άντεχα	άντεξα
αξίζω wert sein	άξιζα	
απαντάω antworten	απαντούσα	απάντησα
απαγορεύω verbieten	απαγόρευα	απαγόρεψα
απασχολούμαι sich m. etw. beschäftigen	απασχολούμουν	απασχολήθηκα
απασχολώ jdn. beschäftigen	απασχολούσα	απασχόλησα
απελπίζομαι verzweifeln, aufgeben	απελπιζόμουν	απελπίστηκα
απογοητεύομαι entäuscht werden	απογοητευόμουν	απογοητεύτηκα
απογοητεύω jdn. enttäuschen	απογοήτευα	απογοήτεψα
αποκλείομαι ausgeschlossen werden od. sein	αποκλειόμουν	αποκλείστηκα
αποκλείω ausschließen	απέκλεια	απέκλεισα
αποκοιμιέμαι einschlafen	αποκοιμιόμουν	αποκοιμήθηκα
αποκτώ erwerben, bekommen	αποκτούσα	απόκτησα
απομακρύνομαι sich entfernen	απομακρυνόμουν	απομακρύνθηκ
απομακρύνω entfernen, wegnehmen	απομάκρυνα	
απορώ sich fragen, sich wundern	απορούσα	απόρησα
αποτελώ bilden, darstellen	αποτελούσα	αποτέλεσα
αποτελούμαι bestehen aus	αποτελούμουν	αποτελέστηκα
απουσιάζω abwesend sein, fehlen	απουσίαζα	απουσίασα
αποφασίζω entscheiden	αποφάσιζα	αποφάσισα

Υποτακτική αορίστου	Παρακείμενος	Προστακτική
να/θα ανοίξω	έχω ανοίξει	άνοιξε, -ήξτε
να/θα αντέξω	έχω αντέξει	άντεξε, αντέξτε
να/θα αξίζω		
να/θα απαντήσω	έχω απαντήσει	απάντησε, -ήστε
να/θα απαγορέψω	έχω απαγορέψει	απαγόρεψε, -έψτε
να/θα απασχοληθώ	έχω απασχοληθεί	απασχολήσου,-θείτε
να/θα απασχολήσω	έχω απασχολήσει	απασχόλησε, -ήστε
να/θα απελπιστώ	έχω απελπιστεί	απελπίσου, -στείτε
να/θα απογοητευτώ	έχω απογοητευτεί	απογοητέψου, -τευτείτε
να/θα απογοητέψω	έχω απογοητέψει	απογοήτεψε, -έψτε
να/θα αποκλειστώ	έχω αποκλειστεί	αποκλείσου, -στείτε
να/θα αποκλείσω	έχω αποκλείσει	απόκλεισε, αποκλείστε
να/θα αποκοιμηθώ	έχω αποκοιμηθεί	αποκοιμήσου, αποκοιμηθείτε
να/θα αποκτήσω	έχω αποκτήσει	απόκτησε, -ήστε
να\\θα απομακρυνθώ	έχω απομακρυνθεί	απομακρύνσου απομακρυνθείτε
να/θα απομακρύνω	έχω απομακρύνει	απομάκρυνε, απομακρύνετε
να/θα απορήσω	έχω απορήσει	απόρησε, -ήστε
να/θα αποτελέσω	έχω αποτελέσει	αποτέλεσε, -έστε
να/θα αποτελεστώ	έχω αποτελεστεί	αποτελέσου,-στείτε
να/θα απουσιάσω	έχω απουσιάσει	απουσίασε, -άστε
να/θα αποφασίσω	έχω αποφασίσει	αποφάσισε, -ήστε

Ενεστώτας	Παρατατικός	Αόριστος
αποφεύγω meiden, vermeiden	απόφευγα	απόφυγα
αποχαιρετώ sich verabschieden von	αποχαιρετούσα	αποχαιρέτησα
αποχωρίζομαι sich trennen	αποχωριζόμουν	αποχωρίστηκα
αργώ sich verspäten	αργούσα	άργησα
αρέσω gefallen	άρεσα (άρεζα)	άρεσα
αρνιέμαι & αρνούμαι verneinen, ablehnen	αρνιόμουν	αρνήθηκα
αρπάζομαι sich festhalten	αρπαζόμουν	αρπάχτηκα
αρπάζω raffen, (er)greifen	άρπαζα	άρπαξα
αρρωσταίνω erkranken	αρρώσταινα	αρρώστησα
αρχίζω beginnen	άρχιζα	άρχισα
ασπρίζω weiß streichen	άσπριζα	άσπρισα
ασχολούμαι sich beschäftigen	ασχολούμουν(α)	ασχολήθηκα
αυξάνομαι wachsen, zunehmen	αυξανόμουν	αυξήθηκα
αυξάνω erhöhen, anheben	αύξανα	αύξησα
αφαιρούμαι geistesabwesend sein	αφαιρούμουν	αφαιρέθηκα
αφαιρώ wegnehmen, absetzen, subtrahieren	αφαιρούσα	αφαίρεσα
αφήνω lassen	άφηνα	άφησα
αφομοιώνομαι aufgehen, sich assimilieren	αφομοιωνόμουν	αφομοιώθηκα
αφομοιώνω assimilieren	αφομοίωνα	αφομοίωσα

Υποτακτική αορίστου	Παρακείμενος	Προστακτική
να/θα αποφύγω	έχω αποφύγει	απόφυγε, -ύγετε
να/θα αποχαιρετήσω	έχω αποχαιρετήσει	αποχαιρέτησε αποχαιρετήστε
να/θα αποχωριστώ	έχω αποχωριστεί	αποχωρίσου αποχωριστείτε
να/θα αργήσω	έχω αργήσει	άργησε, -ήστε
να/θα αρέσω	έχω αρέσει	(άρεσε, -έστε)
να/θα αρνηθώ	έχω αρνηθεί	αρνήσου, αρνηθείτε
να/θα αρπαχτώ	έχω αρπαχτεί	αρπάξου, -χτείτε
να/θα αρπάξω	έχω αρπάξει	άρπαξε, αρπάξτε
να/θα αρρωστήσω	έχω αρρωστήσει	αρρώστησε, -ήστε
να/θα αρχίσω	έχω αρχίσει	άρχισε, -ίστε
να/θα ασπρίσω	έχω ασπρίσει	άσπρισε, -ίστε
να/θα ασχοληθώ	έχω ασχοληθεί	ασχολήσου, -ηθείτε
να/θα αυξηθώ	έχω αυξηθεί	αυξήσου, -ηθείτε
να/θα αυξήσω	έχω αυξήσει	αύξησε, -ήστε
να/θα αφαιρεθώ	έχω αφαιρεθεί	αφαιρέσου, -θείτε
να/θα αφαιρέσω	έχω αφαιρέσει	αφαίρεσε, -έστε
να/θα αφήσω	έχω αφήσει	άφησε, -ήστε
να/θα αφομοιωθώ	έχω αφομοιωθεί	αφομοιώσου, αφομοιωθείτε
να/θα αφομοιώσω	έχω αφομοιώσει	αφομοίωσε, -ώστε

Ενεστώτας	Παρατατικός	Αόριστος

Β

Ενεστώτας	Παρατατικός	Αόριστος
βαδίζω gehen, marschieren	βάδιζα	βάδισα
βάζω (U) legen, stellen, setzen	έβαζα	έβαλα
βαριέμαι sich langweilen	βαριόμουν	βαρέθηκα
βασανίζω quälen	βασάνιζα	βασάνισα
βασανίζομαι sich quälen	βασανιζόμουν	βασανίστηκα
βασίζομαι sich stützen, s. verlassen auf	βασιζόμουν	βασίστηκα
βασίζω gründen, begründen, basieren	βάσιζα	βάσισα
βαστάω halten, aushalten	βαστούσα	βάσταξα
βαστιέμαι sich (fest)halten	βαστιόμουν	βαστήχτηκα
βάφω streichen, färben	έβαφα	έβαψα
βγάζω (U) herausnehmen	έβγαζα	έβγαλα
βγαίνω (U) herausgehen	έβγαινα	βγήκα
βεβαιώνω versichern, bestätigen	βεβαίωνα	βεβαίωσα
βήχω husten	έβηχα	έβηξα
βιάζομαι es eilig haben	βιαζόμουν	βιάστηκα
βιδώνω (an, zu)schrauben	βίδωνα	βίδωσα
βλάπτω schaden, schädigen	έβλαπτα	έβλαψα
βλέπω (U) sehen	έβλεπα	είδα
βοηθάω helfen	βοηθούσα	βοήθησα

Υποτακτική αορίστου	Παρακείμενος	Προστακτική
να/θα βαδίσω	έχω βαδίσει	βάδισε, -ίστε
να/θα βάλω	έχω βάλει	βάλε, βάλτε
να/θα βαρεθώ	έχω βαρεθεί	
να/θα βασανίσω	έχω βασανίσει	βασάνισε, -ίστε
να/θα βασανιστώ	έχω βασανιστεί	βασανίσου, -στείτε
να/θα βασιστώ	έχω βασιστεί	βασίσου, -στείτε
να/θα βασίσω	έχω βασίσει	βάσισε, βασίστε
να/θα βαστάξω	έχω βαστάξει	βάσταξε, -άξτε
να/θα βαστηχτώ	έχω βαστηχτεί	βαστήξου, -ηχτήτε
να/θα βάψω	έχω βάψει	βάψε, βάψτε
να/θα βγάλω	έχω βγάλει	βγάλε, βγάλτε
να/θα βγω	έχω βγει	βγες, βγείτε
να/θα βεβαιώσω	έχω βεβαιώσει	βεβαίωσε, -ώστε
να/θα βήξω	έχω βήξει	βήξε, βήξτε
να/θα βιαστώ	έχω βιαστεί	βιάσου, -είτε
να/θα βιδώσω	έχω βιδώσει	βίδωσε, βιδώστε
να/θα βλάψω	έχω βλάψει	βλάψε, βλάψτε
να/θα δω	έχω δει	δες, δείτε
να/θα βοηθήσω	έχω βοηθήσει	βοήθησε, -ήστε

Ενεστώτας	Παρατατικός	Αόριστος
βουλιάζω versinken, einfallen, ruinieren	βούλιαζα	βούλιαξα
βουλώνω verstopfen	βούλωνα	βούλωσα
βράζω kochen, sieden, sprudeln	έβραζα	έβρασα
βρέχω nass machen, regnen (es regnet=βρέχει)	έβρεχα	έβρεξα
βρίζω beschimpfen, anschnauzen	έβριζα	έβρισα
βρίσκομαι sich befinden	βρισκόμουν	βρέθηκα
βρίσκω (U) finden, erfahren	έβρισκα	βρήκα

Γ

γαβγίζω bellen	γάβγιζα	γάβγισα
γαργαλάω kitzeln, reizen	γαργαλούσα	γαργάλησα
γδύνω entkleiden	έγδυνα	έγδυσα
γδύνομαι sich ausziehen, sich entkleiden	γδυνόμουν	γδύθηκα
γελάω lachen, sich lustig machen	γελούσα	γέλασα
γεμίζω füllen, laden	γέμιζα	γέμισα
γεννάω gebären	γεννούσα	γέννησα
γεννιέμαι geboren werden	γεννιόμουν	γεννήθηκα
γερνάω alt werden	γερνούσα	γέρασα
γίνομαι (U) werden	γινόμουν	έγινα
γιορτάζω & εορτάζω feiern	γιόρταζα	γιόρτασα
γκαρίζω schreien (Esel)	γκάριζα	γκάρισα

(U) unregelmäßig

Υποτακτική αορίστου	Παρακείμενος	Προστακτική
να/θα βουλιάξω	έχω βουλιάξει	βούλιαξε, -άξτε
να/θα βουλώσω	έχω βουλώσει	βούλωσε, -ώστε
να/θα βράσω	έχω βράσει	βράσε, βράστε
να/θα βρέξω	έχω βρέξει	βρέξε, βρέξτε
να/θα βρίσω	έχω βρίσει	βρίσε, βρίστε
να/θα βρεθώ	έχω βρεθεί	βρέσου, βρεθείτε
να/θα βρω	έχω βρει	βρες, βρέστε

Υποτακτική αορίστου	Παρακείμενος	Προστακτική
να/θα γαβγίσω	έχω γαβγίσει	γάβγισε, -ίστε
να/θα γαργαλήσω	έχω γαργαλήσει	γαργάλησε, -ήστε
να/θα γδύσω	έχω γδύσει	γδύσε, γδύστε
να/θα γδυθώ	έχω γδυθεί	γδύσου, γδυθείτε
να/θα γελάσω	έχω γελάσει	γέλασε, -άστε
να/θα γεμίσω	έχω γεμίσει	γέμισε, γεμίστε
να/θα γεννήσω	έχω γεννήσει	γέννησε, -ήστε
να/θα γεννηθώ	έχω γεννηθεί	γεννήσου, -θείτε
να/θα γεράσω	έχω γεράσει	γέρασε, γεράστε
να/θα γίνω	έχω γίνει	γίνε, γίνετε
να/θα γιορτάσω	έχω γιορτάσει	γιόρτασε, -άστε
να/θα γκαρίσω	έχω γκαρίσει	γκάρισε, -ίστε

Ενεστώτας	Παρατατικός	Αόριστος
γκρεμίζω abreißen	γκρέμιζα	γκρέμισα
γκρινιάζω nörgeln, meckern	γρίνιαζα	γκρίνιασα
γλείφω lecken, ablecken	έγλειφα	έγλειψα
γλεντάω sich amüsieren, s. belustigen	γλεντούσα	γλέντησα
γλιστράω & γλυστράω ausgleiten, gleiten, rutschen	γλίστρούσα	γλίστρησα
γλυκαίνω süßen (auch mildern)	γλύκαινα	γλύκανα
γνωρίζομαι sich kennenlernen	γνωριζόμουν	γνωρίστηκα
γνωρίζω kennen, wissen, erkennen	γνώριζα	γνώρισα
γράφω schreiben, aufnehmen	έγραφα	έγραψα
γυαλίζω polieren, glänzend machen	γυάλιζα	γυάλισα
γυμνάζομαι sich üben, turnen	γυμναζόμουν	γυμνάστηκα
γυμνάζω jdn. trainieren	γύμναζα	γύμνασα
γυρίζω wenden, drehen, zurückkehren	γύριζα	γύρισα

Δ

Ενεστώτας	Παρατατικός	Αόριστος
δαγκώνω beißen	δάγκωνα	δάγκωσα
δακρύζω tränen, weinen	δάκρυζα	δάκρυσα
δανείζομα borgen	δανειζόμουν	δανείστηκα
δανείζω verleihen, ausleihen	δάνειζα	δάνεισα
δείχνω zeigen	έδειχνα	έδειξα
δένω binden, zusammenbinden	έδενα	έδεσα

Υποτακτική αορίστου	Παρακείμενος	Προστακτική
να/θα γκρεμίσω	έχω γκρεμίσει	γκρέμησε, -ήστε
να/θα γκρινιάσω	έχω γκρινιάσει	γκρίνιασε, -άστε
να/θα γλείψω	έχω γλείψει	γλείψε, γλείψτε
να/θα γλεντήσω	έχω γλεντήσει	γλέντησε, -ήστε
να/θα γλιστρήσω	έχω γλτστρήσει	γλίστρησε, -ήστε
να/θα γλυκάνω	έχω γλυκάνει	γλύκανε, -άνετε
να/θα γνωριστώ	έχω γνωριστεί	γνωρίσου, -στείτε
να/θα γνωρίσω	έχω γνωρίσει	γνώρισε, -ίστε
να/θα γράψω	έχω γράψει	γράψε, γράψτε
να/θα γυαλίσω	έχω γυαλίσει	γυάλισε, γυαλίστε
να/θα γυμναστώ	έχω γυμναστεί	γυμνάσου, στείτε
να/θα γυμνάσω	έχω γυμνάσει	γύμνασε, -άστε
να/θα γυρίσω	έχω γυρίσει	γύρισε, -ίστε
να/θα δαγκώσω	έχω δαγκώσει	δάγκωσε, -ώστε
να/θα δακρύσω	έχω δακρύσει	δάκρυσε, δακρύστε
να/θα δανειστώ	έχω δανειστεί	δανείσου, -στείτε
να/θα δανείσω	έχω δανείσει	δάνεισε, δανείστε
να/θα δείξω	έχω δείξει	δείξε, δείξτε
να/θα δέσω	έχω δέσει	δέσε, δέστε

Ενεστώτας	Παρατατικός	Αόριστος
δένομαι sich binden	δενόμουν	δέθηκα
δέρνω (U) prügeln, schlagen	έδερνα	έδειρα
δέχομαι annehmen, empfangen	δεχόμουν	δέχτηκα
δηλώνω erklären	δήλωνα	δήλωσα
δημιουργώ (er)schaffen	δημιουργούσα	δημιούργησα
δημοσιεύω publizieren	δημοσίευα	δημοσίεψα
διαβάζω lesen	διάβαζα	διάβασα
διαιρώ teilen	διαιρούσα	διαίρεσα
διακόπτω unterbrechen	διέκοπτα	διέκοψα
διαλέγω auswählen	διάλεγα	διάλεξα
διαμαρτύρομαι protestieren	διαμαρτυρόμουν	δια-μαρτυρήθη
διαμορφώνω formen, bilden	διαμόρφωνα	διαμόρφωσα
διανυκτερεύω übernachten	διανυκτέρευα	διανυκτέρεψα
διασκεδάζω sich vergnügen	διασκέδαζα	διασκέδασα
διατηρώ behalten, bewahren	διατηρούσα	διατήρησα
διδάσκω unterrichten	δίδασκα	δίδαξα
δίνω (U) geben	έδινα	έδωσα
διορθώνω korrigieren	διόρθωνα	διόρθωσα
διστάζω zögern	δίσταζα	δίστασα
διψάω Durst haben	διψούσα	δίψασα
διώχνω vetreiben, abweisen	έδιωχνα	έδιωξα

 (U) unregelmäßig

Υποτακτική αορίστου	Παρακείμενος	Προστακτική
να/θα δεθώ	έχω δεθεί	δέσου, δεθείτε
να/θα δείρω	έχω δείρει	δείρε, δείρτε
να/θα δεχτώ	έχω δεχτεί	δέξου, δεχτείτε
να/θα δηλώσω	έχω δηλώσει	δήλωσε, -ώστε
να/θα δημιουργήσω	έχω δημιουργήσει	δημιούργησε δημιουργήστε
να/θα δημοσιέψω	έχω δημοσιέψει	δημοσίεψε, -έψτε
να/θα διαβάσω	έχω διαβάσει	διάβασε, -άστε
να/θα διαιρέσω	έχω διαιρέσει	διαίρεσε, -έστε
να/θα διακόψω	έχω διακόψει	διάκοψε, -όψτε
να/θα διαλέξω	έχω διαλέξει	διάλεξε, -έξτε
να/θα διαμαρτυρηθώ	έχω διαμαρτυρηθεί	διαμαρτυρήσου διαμαρτυρηθείτε
να/θα διαμορφώσω	έχω διαμορφώσει	διαμόρφωσε, -ώστε
να/θα διανυκτερέψω	έχω διανυκτερέψει	διανυκτέρεψε διανυκτερέψτε
να/θα διασκεδάσω	έχω διασκεδάσει	διασκέδασε, -άστε
να/θα διατηρήσω	έχω διατηρήσει	διατήρησε, ήστε
να/θα διδάξω	έχω διδάξει	δίδαξε, -άξτε
να/θα δώσω	έχω δώσει	δώσε, -δώστε
να/θα διορθώσω	έχω διορθώσει	διόρθωσε, -ώστε
να/θα διστάσω	έχω διστάσει	δίστασε, διστάστε
να/θα διψάσω	έχω διψάσει	δίψασε, -άστε
να/θα διώξω	έχω διώξει	διώξε, διώξτε

Ενεστώτας	Παρατατικός	Αόριστος
δοκιμάζω probieren	δοκίμαζα	δοκίμασα
δουλεύω arbeiten	δούλευα	δούλεψα
δυστυχώ unglücklich sein	δυστυχούσα	δυστύχησα
δωρίζω schenken	δώριζα	δώρισα

Ε

εγχειρίζομαι operiert werden	εγχειριζόμουν	εγχειρίστηκα
εγχειρίζω operieren	εγχείριζα	εγχείρισα
ειδοποιώ benachrichtigen	ειδοποιούσα	ειδοποίησα
είμαι sein	ήμουν(α)	ήμουν(α)
εισπράττω einnehmen, einziehen	εισέπραττα	εισέπραξα
εκδίδομαι erscheinen	εκδιδόμουν	εκδόθηκα
εκδίδω herausgeben, ausstellen	εξέδιδα	εξέδωσα, έκδω
εκμεταλεύομαι ausbeuten, ausnutzen	εκμεταλευόμουν	εκμεταλεύτηκα
εκτιμώ schätzen, würdigen	εκτιμούσα	εκτίμησα
ελπίζω hoffen, erhoffen	ήλπιζα	ήλπισα
εμπιστεύομαι jdm. vertrauen	εμπιστευόμουν	εμπιστεύτηκα
εμποδίζω verhindern	εμπόδιζα	εμπόδισα
εμφανίζω erscheinen lassen, entwickeln	εμφάνιζα	εμφάνισα
εμφανίζομαι erscheinen, sich zeigen	εμφανιζόμουν	εμφανίστηκα
ενδιαφέρομαι sich interessieren	ενδιαφερόμουν	ενδιαφέρθηκα

Υποτακτική αορίστου	Παρακείμενος	Προστακτική
να/θα δοκιμάσω	έχω δοκιμάσει	δοκίμασε, -άστε
να/θα δουλέψω	έχω δουλέψει	δούλεψε, -έψτε
να/θα δυστυχήσω	έχω δυστυχήσει	δυστύχησε, -ήστε
να/θα δωρίσω	έχω δωρίσει	δώρισε, -ίστε

να/θα εγχειριστώ	έχω εγχειριστεί	εγχειρήσου, -στείτε
να/θα εγχειρίσω	έχω εγχειρίσει	εγχείρισε, -ίστε
να/θα ειδοποιήσω	έχω ειδοποιήσει	ειδοποίησε, -ήστε
να/θα είμαι		να είσαι, να είστε
να/θα εισπράξω	έχω εισπράξει	είσπραξε, -άξτε
να/θα εκδωθώ	έχω εκδωθεί	εκδόσου, -θείτε
να/θα εκδώσω	έχω εκδώσει	έκδωσε, -ώστε
να/θα εκμεταλευτώ	έχω εκμεταλευτεί	εκμεταλέψου εκμεταλευτείτε
να/θα εκτιμήσω	έχω εκτιμήσει	εκτίμησε, -ήστε
να/θα ελπίσω	έχω ελπίσει	έλπισε, ελπίστε
να/θα εμπιστευτώ	έχω εμπιστευτεί	εμπιστεύσου, -είτε
να/θα εμποδίσω	έχω εμποδίσει	εμπόδισε, -ίστε
να/θα εμφανίσω	έχω εμφανίσει	εμφάνισε, -ίστε
να/θα εμφανιστώ	έχω εμφανιστεί	εμφανίσου, -στείτε
να/θα ενδιαφερθώ	έχω ενδιαφερθεί	ενδιαφέρσου, -θείτε

Ενεστώτας	Παρατατικός	Αόριστος
ενθουσιάζομαι sich begeistern, begeistert sein	ενθουσιαζόμουν	ενθουσιάστηκα
ενοικιάζομαι zu vermieten sein	ενοικιαζόμουν	ενοικιάστηκα
ενοικιάζω vermieten, pachten	ενοίκιαζα	ενοίκιασα
ενοχλούμαι gestört od. belästigt sein	ενοχλούμουν	ενοχλήθηκα
ενοχλώ stören, belästigen	ενοχλούσα	ενόχλησα
εντάσσομαι einordnen, integrieren	εντασόμουν	εντάχ(θ)τηκα
εντυπωσιάζω beeindrucken	εντυπωσίαζα	εντυπωσίασα
εντυπωσιάζομαι beeindruckt werden	εντυπωσιαζόμουν	εντυπωσιάστηκ
ενώνομαι sich verbinden, sich alliieren	ενωνόμουν	ενώθηκα
ενώνω verbinden, vereinigen	ένωνα	ένωσα
εξαφανίζομαι verschwinden	εξαφανιζόμουν	εξαφανίστηκα
εξαφανίζω vernichten, ausrotten	εξαφάνιζα	εξαφάνισα
εξετάζω untersuchen	εξέταζα	εξέτασα
εξηγώ erklären, erläutern	εξηγούσα	εξήγησα
εξοργίζω ärgern, erbosen	εξόργιζα	εξόργισα
εξυπηρετώ dienlich sein, versorgen	εξυπηρετούσα	επυπηρέτησα
επηρεάζω beeinflusen	επηρέαζα	επηρέασα
επηρεάζομαι beeinflusst werden	επηρεαζόμουν	επηρεάστηκα
επιβεβαιώνω bestätigen, versichern	επιβεβαίωνα	επιβεβαίωσα
επιθυμώ sich wünschen	επιθυμούσα	επιθύμησα
επικοινωνώ kommunizieren	επικοινωνούσα	επικοινώνησα

(U) unregelmäßig

Υποτακτική αορίστου	Παρακείμενος	Προστακτική
να/θα ενθουσιαστώ	έχω ενθουσιαστεί	ενθουσιάσου ενθουσιαστείτε
να/θα ενοικιαστώ	έχω ενοικιαστεί	ενοικιάσου, -στείτε
να/θα ενοικιάσω	έχω ενοικιάσει	ενοίκιασε, -ιάστε
να/θα ενοχληθώ	έχω ενοχληθεί	ενοχλήσου, -θείτε
να/θα ενοχλήσω	έχω ενοχλήσει	ενόχλησε, -είστε
να/θα ενταχ(θ)τώ	έχω ενταχ(θ)τεί;	εντάξου, ενταχτείτε
να/θα εντυπωσιάσω	έχω εντυπωσιάσει	εντυπωσίασε εντυπωσιάστε
να/θα εντυπωσιαστώ	έχω εντυπωσιαστεί	εντυπωσιάσου, -στείτε
να/θα ενωθώ	έχω ενωθεί	ενώσου, ενωθείτε
να/θα ενώσω	έχω ενώσει	ένωσε, ενώστε
να/θα εξαφανιστώ	έχω εξαφανιστεί	εξαφανίσου, -στείτε
να/θα εξαφανίσω	έχω εξαφανίσει	εξαφάνισε, -ίστε
να/θα εξετάσω	έχω εξετάσει	εξέτασε, -άστε
να/θα εξηγήσω	έχω εξηγήσει	εξήγησε, -ήστε
να/θα εξοργίσω	έχω εξοργίσει	εξόργισε, εξοργίστε
να/θα εξυπηρετήσω	έχω εξυπηρετήσει	εξυπηρέτησε, -ήστε
να/θα επηρεάσω	έχω επηρεάσει	επηρέασε, -στείτε
να/θα επηρεαστώ	έχω επηρεαστεί	επηρεάσου, -στείτε
να/θα επιβεβαιώσω	έχω επιβεβαιώσει	επιβεβαίωσε,-ώστε
να/θα επιθυμήσω	έχω επιθυμήσει	επιθύμησε, -ήστε
να/θα επικοινωνήσω	έχω επικοινωνήσει	επικοινώνησε, -ήστε

Ενεστώτας	Παρατατικός	Αόριστος
επιμένω (U) auf etw. bestehen, beharren	επέμενα	επέμεινα
επισκέπτομαι besuchen, heimsuchen	επισκεπτόμουν	επισκέφτηκα
επιτρέπω erlauben, gestatten	επέτρεπα	επέτρεψα
έρχομαι (U) kommen	ερχόμουν	ήρθα
ετοιμάζομαι sich vorbereiten, sich fertig machen	ετοιμαζόμουν	ετοιμάστηκα
ετοιμάζω vorbereiten, zubereiten	ετοίμαζα	ετοίμασα
ευχαριστώ danken	ευχαριστούσα	ευχαρίστησα
εύχομαι wünschen	ευχόμουν	ευχήθηκα
έχω haben	είχα	είχα

Z

ζαλίζομαι schwindelig, verwirrt werden	ζαλιζόμουν	ζαλίστηκα
ζαλίζω verwirren, schwindelig machen	ζάλιζα	ζάλισα
ζεσταίνομαι sich wärmen, warm werden	ζεσταινόμουν	ζεστάθηκα
ζεσταίνω aufwärmen, heiß machen	ζέσταινα	ζέστανα
ζηλεύω beneiden, eifersüchtig sein	ζήλευα	ζήλεψα
ζητάω suchen, verlangen	ζητούσα	ζήτησα
ζυγίζομαι sich wiegen	ζυγιζόμουν	ζυγίστηκα
ζυγίζω (ab)wiegen	ζύγιζα	ζύγισα
ζω leben	ζούσα	έζησα
ζωγραφίζω malen, zeichnen	ζωγράφιζα	ζωγράφισα

(U) unregelmäßig

Υποτακτική αορίστου	Παρακείμενος	Προστακτική
να/θα επιμείνω	έχω επιμείνει	επίμεινε, -μείνατε
να/θα επισκεφτώ	έχω επισκεφτεί	επισκέψου, -φτείτε
να/θα επιτρέψω	έχω επιτρέψει	επίτρεψε, -έψτε
να/θα έρθω	έχω έρθει	έλα, ελάτε
να/θα ετοιμαστώ	έχω ετοιμαστεί	ετοιμάσου, -στείτε
να/θα ετοιμάσω	έχω ετοιμάσει	ετοίμασε, -άστε
να/θα ευχαριστήσω	έχω ευχαριστήσει	ευχαρίστησε, -ήστε
να/θα ευχηθώ	έχω ευχηθεί	ευχήσου, -θείτε
να/θα έχω		έχε, έχετε

να/θα ζαλιστώ	έχω ζαλιστεί	ζαλίσου, -στείτε
να/θα ζαλίσω	έχω ζαλίσει	ζάλισε, ζαλίστε
να/θα ζεσταθώ	έχω ζεσταθεί	ζεστάσου, -θείτε
να/θα ζεστάνω	έχω ζεστάνει	ζέστανε, -άνετε
να/θα ζηλέψω	έχω ζηλέψει	ζήλεψε, ζηλέψτε
να/θα ζητήσω	έχω ζητήσει	ζήτα, -άτε
να/θα ζυγιστώ	έχω ζυγιστεί	ζυγίσου, -στείτε
να/θα ζυγίσω	έχω ζυγίσει	ζύγισε, ζυγίστε
να/θα ζήσω	έχω ζήσει	ζήσε, ζήστε
να/θα ζωγραφίσω	έχω ζωγραφίσει	ζωγράφισε, -ίστε

Ενεστώτας	Παρατατικός	Αόριστος

Η

ηρεμώ ruhig sein	ηρεμούσα	ηρέμησα
ησυχάζω still sein, s. ausruhen, s. beruhigen	ησύχαζα	ησύχασα

Θ

θαυμάζω bewundern, erstaunt sein	θαύμαζα	θαύμασα
θέλω (U) wollen, möchten	ήθελα	θέλησα
θεραπεύομαι genesen, gesund werden	θεραπευόμουν	θεραπεύτηκα
θεραπεύω heilen, behandeln	θεράπευα	θεράπευσα
θερμαίνω heizen, warm machen	θέρμαινα	θέρμανα
θεωρούμαι gehalten werden für	θεωρούμουν	θεωρήθηκα
θεωρώ der Meinung sein, halten für	θεωρούσα	θεώρησα
θυμάμαι sich erinnern, an etwas denken	θυμόμουν	θυμήθηκα
θυμίζω jdn. erinnern an	θύμιζα	θύμισα
θυμώνω ärgern, böse machen	θύμωνα	θύμωσα

Ι

ιδρύω gründen, errichten	ίδρυα	ίδρυσα
ιδρώνω schwitzen	ίδρωνα	ίδρωσα
ισιώνω (gerade)richten, ebnen	ίσιωνα	ίσιωσα

(U) unregelmäßig

Υποτακτική αορίστου	Παρακείμενος	Προστακτική
να/θα ηρεμήσω	έχω ηρεμήσει	ηρέμησε, -ήστε
να/θα ησυχάσω	έχω ησυχάσει	ησύχασε, ησυχάστε
να/θα θαυμάσω	έχω θαυμάσει	θαύμασε, -άστε
να/θα θελήσω	έχω θελήσει	θέλε, θέλετε
να/θα θεραπευτώ	έχω θεραπευτεί	θεραπεύσου, -τείτε
να/θα θεραπεύσω	έχω θεραπεύσει	θεράπευσε, -εύστε
να/θα θερμάνω	έχω θερμάνει	θέρμανε, -άνετε
να/θα θεωρηθώ	έχω θεωρηθεί	θεωρήσου, -θείτε
να/θα θεωρήσω	έχω θεωρήσει	θεώρησε, -ήστε
να/θα θυμηθώ	έχω θυμηθεί	θυμήσου, -θείτε
να/θα θυμίσω	έχω θυμίσει	θύμισε, -ίστε
να/θα θυμώσω	έχω θυμώσει	θύμωσε, -ώστε
να/θα ιδρύσω	έχω ιδρύσει	ίδρυσε, ιδρύστε
να/θα ιδρώσω	έχω ιδρώσει	ίδρωσε, ιδρώστε
να/θα ισιώσω	έχω ισιώσει	ίσιωσε, ισιώστε

Κ

Ενεστώτας	Παρατατικός	Αόριστος
καθαρίζω reinigen, säubern, erledigen	καθάριζα	καθάρισα
κάθομαι (U) sitzen, sich setzen, Platz nehmen	καθόμουνα	κάθησα
καθορίζω bestimmen, definieren	καθόριζα	καθόρισα
καθυστερώ aufhalten, verzögern, verspätet sein	καθυστερούσα	καθυστέρησα
καίγομαι (U) entbrennen, aufflammen, glühen	καιγόμουν	κάηκα
καίω brennen, anbrennen, verbrennen	έκαιγα	έκαψα
καλλιεργούμαι kultiviert werden	καλλιεργούμουν	καλλιεργήθηκα
καλλιεργώ kultivieren, anbauen	καλλιεργούσα	καλλιέργησα
καλύπτω bedecken, decken	κάλυπτα	κάλυψα
καλώ rufen, einladen	καλούσα	κάλεσα
καμαρώνω stolz sein auf, sich aufblasen	καμάρωνα	καμάρωσα
κάνω machen, tun, schaffen	έκανα	
καπνίζω rauchen, räuchern	κάπνιζα	κάπνισα
καρφώνω nageln	κάρφωνα	κάρφωσα
κατάγομαι stammen aus, abstammen von	καταγόμουν	
καταγράφω registrieren, eintragen	κατέγραφα	κατέγραψα
καταδέχομαι s. herablassen, s. einlassen auf	καταδεχόμουν	καταδέχτηκα
καταθέτω niederlassen, aussagen, ablegen	κατέθετα	κατέθεσα
καταλαβαίνω (U) verstehen, begreifen	καταλάβαινα	κατάλαβα

(U) unregelmäßig

Υποτακτική αορίστου	Παρακείμενος	Προστακτική
να/θα καθαρίσω	έχω καθαρίσει	καθάρισε, -ίστε
να/θα καθήσω	έχω καθήσει	κάθησε, καθήστε
να/θα καθορίσω	έχω καθορίσει	καθόρισε, -ίστε
να/θα καθυστερήσω	έχω καθυστερήσει	καθυστέρησε καθυστερήστε
να/θα καώ	έχω καεί	κάψου, καείτε
να/θα κάψω	έχω κάψει	κάψε, κάψτε
να/θα καλλιεργηθώ	έχω καλλιεργηθεί	καλλιεργήσου, -θείτε
να/θα καλλιεργήσω	έχω καλλιεργήσει	καλλιέργησε, -ήστε
να/θα καλύψω	έχω καλύψει	κάλυψε, καλύψτε
να/θα καλέσω	έχω καλέσει	κάλεσε, -έστε
να/θα καμαρώσω	έχω καμαρώσει	καμάρωσε, -ώστε
να/θα κάνω	έχω κάνει	κάνε, κάνετε
να/θα καπνίσω	έχω καπνίσει	κάπνισε, -ίστε
να/θα καρφώσω	έχω καρφώσει	κάρφωσε, -ώστε
να/θα καταγράψω	έχω καταγράψει	κατάγραψε, -άψτε
να/θα καταδεχτώ	έχω καταδεχτεί	καταδέξου, -χτείτε
να/θα καταθέσω	έχω καταθέσει	κατάθεσε, -έστε
να/θα καταλάβω	έχω καταλάβει	κατάλαβε, -άβετε

Ενεστώτας	Παρατατικός	Αόριστος
καταλήγω enden, darauf hinauslaufen	κατέληγα	κατέληξα
καταναλώνομαι verbraucht werden	καταναλωνόμουν	καταναλώθηκα
καταναλώνω verbrauchen, verzehren, aufwenden	κατανάλωνα	κατανάλωσα
καταντάω geraten, zu etw. führen oder werden	καταντούσα	κατάντησα
καταπίνω (U) schlucken	κατάπινα	κατάπια
καταργούμαι erlöschen, abgeschafft werden	καταργούμουν	καταργήθηκα
καταργώ beseitigen, abschaffen	καταργούσα	κατάργησα
κατασκευάζω anfertigen, fabrizieren, herstellen	κατασκεύαζα	κατασκεύασα
καταστρέφομαι verfallen, zu Grunde gehen	καταστρεφόμουν	καταστράφηκα
καταστρέφω zerstören, verderben	κατέστρεφα	κατέστρεψα
καταφέρνω (U) schaffen, erreichen, jdn. überreden	κατάφερνα	κατάφερα
κατεβάζω hinunterbringen, herunternehmen	κατέβαζα	κατέβασα
κατεβαίνω (herab, hinab, herunter)steigen, -gehen	κατέβαινα	κατέβηκα
κατηγορούμαι angeklagt, beschuldigt werden	κατηγορούμουν	κατηγορήθηκα
κατηγορώ vorwerfen, anklagen, beschuldigen	κατηγορούσα	κατηγόρησα
κατοικούμαι bewohnt werden	κατοικούμουν	κατοικήθηκα
κατοικώ wohnen	κατοικούσα	κατοίκησα
κελαηδώ singen (Vögel), zwitschern	κελαηδούσα	κελάηδησα
κερδίζω gewinnen, verdienen	κέρδιζα	κέρδισα
κερνάω spendieren	κερνούσα	κέρασα
κινδυνεύω riskieren, in Gefahr sein	κινδύνευα	κινδύνεψα

(U) unregelmäßig

Υποτακτική αορίστου	Παρακείμενος	Προστακτική
να/θα καταλήξω	έχω καταλήξει	κατάληξε, -λήξτε
να/θα καταναλωθώ	έχω καταναλωθεί	καταναλώσου καταναλωθείτε
να/θα καταναλώσω	έχω καταναλώσει	κατανάλωσε, -ώστε
να/θα καταντήσω	έχω καταντήσει	κατάντησε, -ήστε
να/θα καταπιώ	έχω καταπιεί	κατάπιε, -πιείτε
να/θα καταργηθώ	έχω καταργηθεί	καταργήσου, -θείτε
να/θα καταργήσω	έχω καταργήσει	κατάργησε, -ήστε
να/θα κατασκευάσω	έχω κατασκευάσει	κατασκεύασε, -άστε
να/θα καταστραφώ	έχω καταστραφεί	καταστρέψου, καταστραφείτε
να/θα καταστρέψω	έχω καταστρέψει	κατάστρεψε, -έψτε
να/θα καταφέρω	έχω καταφέρει	κατάφερε, -έρτε
να/θα κατεβάσω	έχω κατεβάσει	κατέβασε, -άστε
να/θα κατέβω	έχω κατέβει	κατέβα, -είτε
να/θα κατηγορηθώ	έχω κατηγορηθεί	κατηγορήσου κατηγορηθείτε
να/θα κατηγορήσω	έχω κατηγορήσει	κατηγόρησε, -ήστε
να/θα κατοικηθώ	έχω κατοικηθεί	κατοικήσου, -θείτε
να/θα κατοικήσω	έχω κατοικήσει	κατοίκησε, -ήστε
να/θα κελαηδήσω	έχω κελαηδήσει	κελάηδησε, -ήστε
να/θα κερδίσω	έχω κερδίσει	κέρδισε, -ίστε
να/θα κεράσω	έχω κεράσει	κέρασε, -άστε
να/θα κινδυνέψω	έχω κινδυνέψει	κινδύνεψε, -έψτε

Ενεστώτας	Παρατατικός	Αόριστος
κλαίω weinen, beweinen	έκλεγα	έκλαψα
κλέβω (be)stehlen, klauen, betrügen	έκλεβα	έκλεψα
κλειδώνομαι sich einschließen (mit dem Schlüssel)	κλειδωνόμουν	κλειδώθηκα
κλειδώνω (ein,ab)schließen, verschließen	κλείδωνα	κλείδωσα
κλείνομαι sich ein-, ausschließen, sich zurückziehen	κλεινόμουν	κλείστηκα
κλείνω schließen, (aus)zumachen	έκλεινα	έκλεισα
κόβομαι (U) sich schneiden	κοβόμουν	κόπηκα
κόβω schneiden, schneiden lassen	έκοβα	έκοψα
κοιμάμαι schlafen	κοιμόμουν(α)	κοιμήθηκα
κοιμίζω in den Schlaf bringen	κοίμιζα	κοίμισα
κοιτάζω schauen, blicken, suchen	κοίταζα	κοίταξα
κολλάω kleben, leimen, löten, anstecken	κολλούσα	κόλλησα
κολυμπάω schwimmen	κολυμπούσα	κολύμπησα
κοντεύω näher kommen, näher rücken	κόντευα	κόντεψα
κοροϊδεύω verspotten, anlügen, auslachen	κορόιδευα	κορόιδεψα
κοστίζω kosten	κόστιζα	κόστισα
κουβαλάω tragen	κουβαλούσα	κουβάλησα
κουβεντιάζω sich unterhalten, plaudern	κουβέντιαζα	κουβέντιασα
κουμπώνω (zu)knöpfen	κούμπωνα	κούμπωσα
κουνάω bewegen, schaukeln	κουνούσα (κούναγα)	κούνησα
κουνιέμαι sich bewegen, wackeln	κουνιόμουν	κουνήθηκα

(U) unregelmäßig

Υποτακτική αορίστου	Παρακείμενος	Προστακτική
να/θα κλάψω	έχω κλάψει	κλάψε, κλάψτε
να/θα κλέψω	έχω κλέψει	κλέψε, κλέψτε
να/θα κλειδωθώ	έχω κλειδωθεί	κλειδώσου, -θείτε
να/θα κλειδώσω	έχω κλειδώσει	κλείδωσε, -ώστε
να/θα κλειστώ	έχω κλειστεί	κλείσου, κλειστείτε
να/θα κλείσω	έχω κλείσει	κλείσε, κλείστε
να/θα κοπώ	έχω κοπεί	κόψου, κοπείτε
να/θα κόψω	έχω κόψει	κόψε, κόψτε
να/θα κοιμηθώ	έχω κοιμηθεί	κοιμήσου, -θείτε
να/θα κοιμίσω	έχω κοιμίσει	κοίμισε, -ίστε
να/θα κοιτάξω	έχω κοιτάξει	κοίταξε (κοίτα),-άξτε
να/θα κολλήσω	έχω κολλήσει	κόλλησε, κολλήστε
να/θα κολυμπήσω	εχω κολυμπήσει	κολύμπησε,- ήστε
να/θα κοντέψω	έχω κοντέψει	κόντεψε, -έψτε
να/θα κοροϊδέψω	έχω κοροϊδέψει	κορόιδεψε, -έψτε
να/θα κοστίσω	έχω κοστίσει	κόστισε, -ίστε
να/θα κουβαλήσω	έχω κουβαλήσει	κουβάλησε, -ήστε
να/θα κουβεντιάσω	έχω κουβεντιάσει	κουβέντιασε, -ιάστε
να/θα κουμπώσω	έχω κουμπώσει	κούμπωσε, -ώστε
να/θα κουνήσω	έχω κουνήσει	κούνησε, -ήστε
να/θα κουνηθώ	έχω κουνηθεί	κουνήσου, -θείτε

Ενεστώτας	Παρατατικός	Αόριστος
κουρντίζω & κουρδίζω	κούρντιζα	κούρντισα
stimmen, aufziehen		
κρατάω	κρατούσα	κράτησα
halten, behalten, zurückhalten		
κρατιέμαι	κρατιόμουν	κρατήθηκα
sich festhalten, sich beherrschen, sich halten		
κρίνω	έκρινα	
urteilen, meinen		
κρύβομαι	κρυβόμουν	κρύφτηκα
sich verstecken, nicht offen sein		
κρύβω	έκρυβα	έκρυψα
verstecken, verbergen, verschweigen		
κρυώνω	κρύωνα	κρύωσα
frieren, sich erkälten, (ab)kühlen		
κυβερνάω	κυβερνούσα	κυβέρνησα
regieren, lenken		
κυλάω	κυλούσα	κύλησα
rollen, wälzen		
κυλιέμαι	κυλιόμουν	κυλήθηκα
sich wälzen, sich rollen		
κυνηγάω	κυνηγούσα	κυνήγησα
jagen, hetzen, verfolgen		

λαβαίνω	λάβαινα	έλαβα
nehmen, empfangen		
λάμπω	έλαμπα	έλαμψα
leuchten, strahlen		
λατρεύω	λάτρευα	λάτρεψα
vergöttern, über alles lieben, anbeten		
λαχανιάζω	λαχάνιαζα	λαχάνιασα
keuchen, außer Atem kommen		
λαχταράω	λαχταρούσα	λαχτάρησα
Sehnsucht haben, s. sehnen		
λέγομαι	λεγόμουν(α)	λέχτηκα ή ειπώ
heißen, sich nennen, gesagt werden		
λείπω	έλειπα	έλειψα
fehlen, mangeln, abwesend sein		
λειτουργώ	λειτουργούσα	λειτούργησα
funktionieren, arbeiten, in Tätigkeit sein, Messe lesen		

Υποτακτική αορίστου	Παρακείμενος	Προστακτική
να/θα κουρντίσω	έχω κουρντίσει	κούρντισε, -ίστε
να/θα κρατήσω	έχω κρατήσει	κράτησε, κρατήστε
να/θα κρατηθώ	έχω κρατηθεί	κρατήσου, -θείτε
να/θα κρίνω	έχω κρίνει	κρίνε, κρίνετε
να/θα κρυφτώ	έχω κρυφτεί	κρύψου, -φτείτε
να/θα κρύψω	έχω κρύψει	κρύψε, -ύψτε
να/θα κρυώσω	έχω κρυώσει	κρύωσε, -ώστε
να/θα κυβερνήσω	έχω κυβερνήσει	κυβέρνησε, -ήστε
να/θα κυλήσω	έχω κυλήσει	κύλησε, -ήστε
να/θα κυληθώ	έχω κυληθεί	κυλήσου, -θείτε
να/θα κυνηγήσω	έχω κυνηγήσει	κυνήγησε, -γήστε

να/θα λάβω	έχω λάβει	λάβε, λάβετε
να/θα λάμψω	έχω λάμψει	λάμψε, λάμψτε
να/θα λατρέψω	έχω λατρέψει	λάτρεψε, λατρέψτε
να/θα λαχανιάσω	έχω λαχανιάσει	λαχάνιασε, -ιάστε
να/θα λαχταρήσω	έχω λαχταρήσει	λαχτάρησε, -ήστε
να/θα λεχτώ ή να/θα ειπωθώ	έχω λεχτεί έχω ειπωθεί	
να/θα λείψω	έχω λείψει	λείψε, λείψετε
να/θα λειτουργήσω	έχω λειτουργήσει	λειτούργησε,- ήστε

Ενεστώτας	Παρατατικός	Αόριστος
λέω (λέγω) sagen, erzählen, nennen	έλεγα	είπα
λησμονώ vergessen, verlernen	λησμονούσα	λησμόνησα
λιγοστεύω vermindern	λιγόστευα	λιγόστεψα
λιποθυμάω in Ohnmacht fallen	λυποθυμούσα	λιποθύμησα
λιώνω schmelzen, zerquetschen, auflösen	έλιωνα	έλιωσα
λογαριάζω rechnen, vorhaben, kalkulieren	λογάριαζα	λογάριασα
λούζομαι sich den Kopf waschen	λουζόμουν	λούστηκα
λούζω den Kopf waschen	έλουζα	έλουσα
λυγίζω biegen, beugen	λύγιζα	λύγισα
λύνομαι sich losbinden, losgehen	λυνόμουν	λύθηκα
λύνω lösen, losbinden, demontieren	έλυνα	έλυσα
λυπάμαι + λυπούμαι bedauern, sich leid tun, betrübt sein, Mitleid haben	λυπόμουν	λυπήθηκα

M

μαγειρεύω kochen	μαγείρευα	μαγείρεψα
μαζεύομαι sich zusammennehmen, einschrumpfen, einlaufen, pflücken, sich zurückziehen	μαζευόμουν	μαζεύτηκα
μαζεύω (ein)sammeln, einpacken, einziehen	μάζευα	μάζεψα
μαθαίνω lernen, unterrichten, erfahren	μάθαινα	έμαθα
μακραίνω verlängern	μάκραινα	μάκρυνα
μαλώνω schimpfen, zanken, Vorwürfe machen	μάλωνα	μάλωσα
μαντεύω erraten, vorhersehen, ahnen	μάντευα	μάντεψα

Υποτακτική αορίστου	Παρακείμενος	Προστακτική
να/θα πω	έχω πει	πές, πείτε
να/θα λησμονήσω	έχω λησμονήσει	λησμόνησε, -ήστε
να/θα λιγοστέψω	έχω λιγοστέψει	λιγόστεψε, -έψτε
να/θα λιποθυμήσω	έχω λυποθυμήσει	λιποθύμησε, -ήστε
να/θα λιώσω	έχω λιώσει	λιώσε, λιώστε
να/θα λογαριάσω	έχω λογαριάσει	λογάριασε, -ιάστε
να/θα λουστώ	έχω λουστεί	λούσου, λουστείτε
να/θα λούσω	έχω λούσει	λούσε, λούστε
να/θα λυγίσω	έχω λυγίσει	λύγισε, λυγίστε
να\υα λυθώ	έχω λυθεί	λύσου, λυθείτε
να/θα λύσω	έχω λύσει	λύσε, λύστε
να/θα λυπηθώ	έχω λυπηθεί	λυπήσου, -θείτε
να/θα μαγειρέψω	έχω μαγειρέψει	μαγείρεψε, -έψτε
να/θα μαζευτώ	έχω μαζευτεί	μαζέψου, -ευτείτε
να/θα μαζέψω	έχω μαζέψει	μάζεψε, -έψτε
να/θα μάθω	έχω μάθει	μάθε, μάθετε
να/θα μακρύνω	έχω μακρύνει	μάκρυνε, -ύντε
να/θα μαλώσω	έχω μαλώσει	μάλωσε, -ώστε
να/θα μαντέψω	έχω μαντέψει	μάντεψε, -έψτε

Ενεστώτας	Παρατατικός	Αόριστος
μαραίνομαι verwelken, verblühen	μαραινόμουν	μαράθηκα
μαραίνω welken, austrocknen	μάραινα	μάρανα
μαρτυράω etw. bezeugen, etw. verraten	μαρτυρούσα	μαρτύρησα
μασάω kauen, undeutlich sprechen	μασούσα	μάσησα
ματαιώνομαι ausfallen, scheitern	ματαιωνόμουν	ματαιώθηκα
ματαιώνω aufheben, absagen, annullieren	ματαίωνα	ματαίωσα
ματώνω bluten	μάτωνα	μάτωσα
μεγαλώνω vergrößern, erhöhen, großziehen, groß werden	μεγάλωνα	μεγάλωσα
μεθάω sich betrinken, sich berauschen	μεθούσα	μέθησα
μειώνω mindern, verringern, degradieren	μείωνα	μείωσα
μελετάω erlernen, einüben, planen	μελετούσα	μελέτησα
μένω (U) bleiben, wohnen, übrig bleiben	έμενα	έμεινα
μετακινούμαι sich fortbewegen	μετακινιόμουν	μετακινήθηκα
μετακινώ umstellen, versetzen, verlegen	μετακινούσα	μετακίνησα
μετακομίζω (um, ein)ausziehen	μετακόμιζα	μετακόμισα
μεταναστεύω ein-, auswandern, emigrieren	μετανάστευα	μετανάστεψα
μετανιώνω bereuen	μετάνιωνα	μετάνιωσα
μεταφέρομαι umziehen, verlegt werden	μεταφερόμουν	μεταφέρθηκα
μεταφέρω transportieren, verlegen, übertragen	μετέφερα	
μεταφράζω übersetzen	μετέφραζα	μετέφρασα
μετράω messen, abmessen, (auf)zählen	μετρούσα	μέτρησα

Υποτακτική αορίστου	Παρακείμενος	Προστακτική
να/θα μαραθώ	έχω μαραθεί	να μαραθείς, -είτε
να/θα μαράνω	έχω μαράνει	μάρανε, μαράνατε
να/θα μαρτυρήσω	έχω μαρτυρήσει	μαρτύρησε, -ήστε
να/θα μασήσω	έχω μασήσει	μάσησε, μασήστε
να/θα ματαιωθώ	έχω ματαιωθεί	ματαιώσου, -θείτε
να/θα ματαιώσω	έχω ματαιώσει	ματαίωσε, -ώστε
να/θα ματώσω	έχω ματώσει	μάτωσε, ματώστε
να/θα μεγαλώσω	έχω μεγαλώσει	μεγάλωσε, -ώστε
να/θα μεθήσω	έχω μεθήσει	μέθησε, μεθήστε
να/θα μειώσω	έχω μειώσει	μείωσε, μειώστε
να/θα μελετήσω	έχω μελετήσει	μελέτησε, -ήστε
να/θα μείνω	έχω μείνει	μείνε, μείνετε
να/θα μετακινηθώ	έχω μετακινηθεί	μετακινήσου, -θείτε
να/θα μετακινήσω	έχω μετακινήσει	μετακίνησε, -ήστε
να/θα μετακομίσω	έχω μετακομίσει	μετακόμισε, -ίστε
να/θα μεταναστέψω	έχω μεταναστέψει	μετανάστεψε, μεταναστέψτε
να/θα μετανιώσω	έχω μετανιώσει	μετάνιωσε, -ιώστε
να/θα μεταφερθώ	έχω μεταφερθεί	μεταφέρσου, -θείτε
να/θα μεταφέρω	έχω μεταφέρει	μετάφερε, -έρτε
να/θα μεταφράσω	έχω μεταφράσει	μετάφρασε, -άστε
να/θα μετρήσω	έχω μετρήσει	μέτρησε, μετρήστε

Ενεστώτας	Παρατατικός	Αόριστος
μετριέμαι sich messen, miteinander streiten	μετριόμουν	μετρήθηκα
μικραίνω verkleinern, verkürzen, verringen	μίκραινα	μίκρυνα
μιλάω sprechen	μιλούσα	μίλησα
μοιάζω ähnlich sehen, ähnlich sein	έμοιαζα	έμοιασα
μοιράζομαι mit jdm. etwas teilen	μοιραζόμουν	μοιράστηκα
μοιράζω teilen, verteilen, austeilen	μοίραζα	μοίρασα
μολύνομαι sich infizieren	μολυνόμουν	μολύνθηκα
μολύνω beschmutzen, verpesten, anstecken	μόλυνα	
μορφώνομαι sich bilden	μορφωνόμουν	μορφώθηκα
μορφώνω gestalten, formen, ausbilden	μόρφωνα	μόρφωσα
μοσχοβολάω duften	μοσχοβολούσα	μοσχοβόλησα
μουντζώνω eine offene Hand abwehrend gegen jdn. richten (um Ärger oder Verachtung zu zeigen)	μούντζωνα	μούντζωσα
μουρμουρίζω murmeln, meckern, murren	μουρμούριζα	μουρμούρισα
μουσκεύω befeuchten, in Wasser einweichen	μούσκευα	μούσκεψα
μπάζω einführen, hineintun	έμπαζα	έμπασα
μπαίνω (U) eintreten, hineingehen,hereinkommen	έμπαινα	μπήκα
μπαλώνω flicken, stopfen, sich herausreden	μπάλωνα	μπάλωσα
μπερδεύομαι in etwas verwickelt sein	μπερευόμουν	μπερδεύτηκα
μπερδεύω verwirren, durcheinander bringen	μπέρδευα	μπέρδεψα
μπλέκομαι ein Verhältnis eingehen	μπλεκόμουν	μπλέχτηκα
μπλέκω verwickeln	έμπλεκα	έμπλεξα

(U) unregelmäßig

Υποτακτική αορίστου	Παρακείμενος	Προστακτική
να/θα μετρηθώ	έχω μετρηθεί	μετρήσου, -θείτε
να/θα μικρύνω	έχω μικρύνει	μίκρυνε, -ύντε
να/θα μιλήσω	έχω μιλήσει	μίλησε, -ήστε
να/θα μοιάσω	έχω μοιάσει	μοιάσε, μοιάστε
να/θα μοιραστώ	έχω μοιραστεί	μοιράσου, -στείτε
να/θα μοιράσω	έχω μοιράσει	μοίρασε, -άστε
να/θα μολυνθώ	έχω μολυνθεί	μολύνσου, -θείτε
να/θα μολύνω	έχω μολύνει	μόλυνε, μολύνετε
να/θα μορφωθώ	έχω μορφωθεί	μορφώσου, -θείτε
να/θα μορφώσω	έχω μορφώσει	μόρφωσε, -ώστε
να/θα μοσχοβολήσω	έχω μοσχοβολήσει	μοσχοβόλησε μοσχοβολήστε
να/θα μουντζώσω	έχω μουντζώσει	μούντζωσε, -ώστε
να/θα μουρμουρίσω	έχω μουρμουρίσει	μουρμούρισε, μουρμουρίστε
να/θα μουσκέψω	έχω μουσκέψει	μούσκεψε, -έψτε
να/θα μπάσω	έχω μπάσει	μπάσε, μπάστε
να/θα μπω	έχω μπει	μπες, μπείτε
να/θα μπαλώσω	έχω μπαλώσει	μπάλωσε, μπαλώστε
να/θα μπερδευτώ	έχω μπερδευτεί	μπερδέψου, -θείτε
να/θα μπερδέψω	έχω μπερδέψει	μπέρδεψε, -έψτε
να/θα μπλεχτώ	έχω μπλεχτεί	μπλέξου, μπλεχτείτε
να/θα μπλέξω	έχω μπλέξει	μπλέξε, μπλέξτε

Ενεστώτας	Παρατατικός	Αόριστος
μπορώ (U) können, mögen	μπορούσα	μπόρεσα
μπουμπουνίζω donnern, krachen	μπουμπούνιζα	μπουμπούνισα
μυρίζομαι jdn. in Verdacht haben, ahnen	μυριζόμουν	μυρίστηκα
μυρίζω riechen	μύριζα	μύρισα

N

Ενεστώτας	Παρατατικός	Αόριστος
νανουρίζω in den Schlaf singen	νανούριζα	νανούρισα
ναυαγώ Schiffbruch erleiden, scheitern	ναυαγούσα	ναυάγησα
ναυλώνω befrachten, chartern	ναύλωνα	ναύλωσα
νευριάζω nervös machen, sich aufregen	νευρίαζα	νευρίασα
νιαουρίζω miauen	νιαούριζα	νιαούρισα
νίβομαι sich waschen (Gesicht)	νιβόμουν	νίφτηκα
νίβω waschen (Gesicht)	ένιβα	ένιψα
νικάω siegen, besiegen	νικούσα	νίκησα
νικιέμαι besiegt werden, überwunden werden	νικιόμουν	νικήθηκα
νιώθω + νοιώθω fühlen, empfinden, begreifen, merken	ένιωθα	ένιωσα
(με, σε etc.) νοιάζει es interessiert (mich, dich etc.), es geht (mich, dich etc.) an	ένοιαζε	ένοιαξε
νοιάζομαι sich (be)kümmern um, dafür sorgen dass	νοιαζόμουν	νοιάστηκα
νοικιάζω mieten, vermieten	νοίκιαζα	νοίκιασα
νομίζω glauben, meinen, denken	νόμιζα	νόμισα
νοσταλγώ sich sehnen nach, Heimweh haben	νοσταλγούσα	νοστάλγησα

(U) unregelmäßig

Υποτακτική αορίστου	Παρακείμενος	Προστακτική
να/θα μπορέσω	έχω μπορέσει	μπόρεσε, -έστε
να/θα μπουμπουνίσω	έχω μπουμπουνίσει	μπουμπούνισε -ίστε
να/θα μυριστώ	έχω μυριστεί	μυρίσου, -στείτε
να/θα μυρίσω	έχω μυρίσει	μύρισε, μυρίστε

να/θα νανουρίσω	έχω νανουρίσει	νανούρισε, -ίστε
να/θα ναυαγήσω	έχω ναυαγήσει	ναυάγησε, -ήστε
να/θα ναυλώσω	έχω ναυλώσει	ναύλωσε, -ώστε
να/θα νευριάσω	έχω νευριάσει	νευρίασε, -ιάστε
να/θα νιαουρίσω	έχω νιαουρίσει	νιαούρισε, -ίστε
να/θα νιφτώ	έχω νιφτεί	νίψου, νιφτείτε
να/θα νίψω	έχω νίψει	νίψε, νίψτε
να/θα νικήσω	έχω νικήσει	νίκησε, νικήστε
να/θα νικηθώ	έχω νικηθεί	νικήσου, -θείτε
να/θα νιώσω	έχω νιώσει	νιώσε, νιώστε
να/θα νοιάξει	έχει νοιάξει	
να/θα νοιαστώ	έχω νοιαστεί	νοιάξου, -στείτε
να/θα νοικιάσω	έχω νοικιάσει	νοίκιασε, -ιάστε
να/θα νομίσω	έχω νομίσει	νόμισε, -ίστε
να/θα νοσταλγήσω	έχω νοσταλγήσει	νοστάλγησε, -ήστε

Ενεστώτας	Παρατατικός	Αόριστος
ντρέπομαι sich schämen	ντρεπόμουν	ντράπηκα
ντύνομαι sich anziehen	ντυνόμουνα	ντύθηκα
ντύνω ankleiden, anziehen	έντυνα	έντυσα
νυχτώνει die Nacht bricht an	νύχτωνε	νύχτωσε
νυχτώνομαι sich bis in die Nacht verspäten	νυχτωνόμουν	νυχτώθηκα

Ξ

ξαγρυπνάω wach bleiben	ξαγρυπνούσα	ξαγρύπνησα
ξαπλώνω sich (hin)legen, ausbreiten	ξάπλωνα	ξάπλωσα
ξαφνιάζομαι erstaunt sein	ξαφνιαζόμουν	ξαφνιάστηκα
ξαφνιάζω überraschen	ξάφνιαζα	ξάφνιασα
ξεγελάω täuschen, hintergehen, betrügen	ξεγελούσα	ξεγέλασα
ξεγελιέμαι getäuscht werden, betrogen werden	ξεγελιόμουν	ξεγελάστηκα
ξεκαρδίζομαι sich tot lachen	ξεκαρδιζόμουν	ξακαρδίστηκα
ξεκινάω beginnen, starten	ξεκινούσα	ξεκίνησα
ξεκλειδώνω aufsperren, (mit dem Schlüssel) öffnen	ξεκλείδωνα	ξεκλείδωσα
ξεκολλάω losmachen, trennen	ξεκολλούσα	ξεκόλλησα
ξεκουράζω Erholung gewähren	ξεκούραζα	ξεκούρασα
ξεκουράζομαι sich erholen, ausruhen	ξακουραζόμουν	ξεκουράστηκα
ξεμυαλίζομαι abgedreht sein	ξεμυαλιζόμουν	ξεμυαλίστηκα
ξεμυαλίζω jdn. verrückt machen	ξεμυάλιζα	ξεμυάλισα

Υποτακτική αορίστου	Παρακείμενος	Προστακτική
να/θα ντραπώ	έχω ντραπεί	να ντραπείς, -πείτε
να/θα ντυθώ	έχω ντυθεί	ντύσου, ντυθείτε
να/θα ντύσω	έχω ντύσει	ντύσε, ντύστε
να/θα νυχτώσει	έχει νυχτώσει	
να/θα νυχτωθώ	έχω νυχτωθεί	νυχτώσου, -θείτε

Υποτακτική αορίστου	Παρακείμενος	Προστακτική
να/θα ξαγρυπνήσω	έχω ξαγρυπνήσει	ξαγρύπνησε, -ήστε
να/θα ξαπλώσω	έχω ξαπλώσει	ξάπλωσε, -ώστε
να/θα ξαφνιαστώ	έχω ξαφνιαστεί	ξαφνιάσου, -στείτε
να/θα ξαφνιάσω	έχω ξαφνιάσει	ξάφνιασε, -ιάστε
να/θα ξεγελάσω	έχω ξεγελάσει	ξεγέλασε, ξεγελάστε
να/θα ξεγελαστώ	έχω ξεγελαστεί	ξεγελάσου, -στείτε
να/θα ξεκαρδιστώ	έχω ξεκαρδιστεί	ξεκαρδίσου, -στείτε
να/θα ξεκινήσω	έχω ξεκινήσει	ξεκίνησε, -ήστε
να/θα ξεκλειδώσω	έχω ξεκλειδώσει	ξεκλείδωσε, -ώστε
να/θα ξεκολλήσω	έχω ξεκολλήσει	ξεκόλλησε, -ήστε
να/θα ξεκουράσω	έχω ξεκουράσει	ξεκούρασε, -άστε
να/θα ξεκουραστώ	έχω ξεκουραστεί	ξεκουράσου, -είστε
να/θα ξεμυαλιστώ	έχω ξεμυαλιστεί	ξεμυαλίσου, στείτε
να/θα ξεμυαλίσω	έχω ξεμυαλίσει	ξεμυάλισε, -ίστε

Ενεστώτας	Παρατατικός	Αόριστος
ξενιτεύομαι in die Fremde gehen, auswandern	ξενιτευόμουν	ξενιτεύτηκα
ξενυχτάω die Nacht schlaflos verbringen	ξενυχτούσα	ξενύχτησα
ξεπαγιάζω erfrieren, vor Kälte umkommen	ξεπάγιαζα	ξεπάγιασα
ξεπληρώνω ganz (aus)zahlen oder tilgen	ξεπλήρωνα	ξεπλήρωσα
ξεραίνομαι trocken werden, vertrocknen	ξεραινόμουν	ξεράθηκα
ξεραίνω trocknen, austrocknen	ξέραινα	ξέρανα
ξέρω wissen, kennen	ήξερα	ήξερα
ξεσηκώνομαι zu etwas bewegt werden	ξεσηκωνόμουν	ξεσηκώθηκα
ξεσηκώνω jdn. (dazu) bewegen, drängen	ξεσήκωνα	ξεσήκωσα
ξεσκεπάζομαι ohne Decke liegen	ξεσκεπαζόμουν	ξεσκεπάστηκα
ξεσκεπάζω abdecken, aufdecken	ξεσκέσπαζα	ξεσκέπασα
ξεσκονίζω Staub wischen oder abwischen	ξεσκόνιζα	ξεσκόνισα
ξετρελαίνομαι verrückt sein, begeistert sein	ξετρελαινόμουν	ξετρελάθηκα
ξετρελάινω ganz und gar närrisch machen	ξετρέλαινα	ξετρέλανα
ξεφλουδίζω (ab)schälen, entrinden, abziehen	ξεφλούδιζα	ξεφλούδισα
ξεφορτώνω abladen, entladen, befreien	ξεφόρτωνα	ξεφόρτωσα
ξεφουσκώνω die Luft ablassen	ξεφούσκωνα	ξεφούσκωσα
ξεφυλλίζω blättern, umblättern	ξεφύλλιζα	ξεφύλλισα
ξεχνάω vergessen	ξεχνούσα	ξέχασα
ξεχωρίζω beiseite legen, unterscheiden	ξεχώριζα	ξεχώρισα
ξεψυχάω den Geist aufgeben, sterben	ξεψυχούσα	ξεψύχησα

Υποτακτική αορίστου	Παρακείμενος	Προστακτική
να/θα ξενιτευτώ	έχω ξενιτευτεί	ξενιτέψου, -ευτείτε
να/θα ξενυχτήσω	έχω ξενυχτήσει	ξενύχτησε, -ήστε
να/θα ξεπαγιάσω	έχω ξεπαγιάσει	ξεπάγιασε, -ιάστε
να/θα ξεπληρώσω	έχω ξεπληρώσει	ξεπλήρωσε, -ώστε
να/θα ξεραθώ	έχω ξεραθεί	να ξεραθείς, -θείτε
να/θα ξεράνω	έχω ξεράνει	ξέρανε, ξεράνετε
να/θα ξέρω		
να/θα ξεσηκωθώ	έχω ξεσηκωθεί	ξεσηκώσου, -θείτε
να/θα ξεσηκώσω	έχω ξεσηκώσει	ξεσήκωσε, -ώστε
να/θα ξεσκεπαστώ	έχω ξεσκεπαστεί	ξεσκεπάσου, -στείτε
να/θα ξεσκεπάσω	έχω ξεσκεπάσει	ξεσκέπασε, -άστε
να/θα ξεσκονίσω	έχω ξεσκονίσει	ξεσκόνισε, -ίστε
να/θα ξετρελαθώ	έχω ξετρελαθεί	να ξετρελαθείς, -θείτε
να/θα ξετρελάνω	έχω ξετρελάνει	ξετρέλανε, -άνατε
να/θα ξεφλουδίσω	έχω ξεφλουδίσει	ξεφλούδισε, -ίστε
να/θα ξεφορτώσω	έχω ξεφορτώσει	ξεφόρτωσε, -ώστε
να/θα ξεφουσκώσω	έχω ξεφουσκώσει	ξεφούσκωσε, -ώστε
να/θα ξεφυλλίσω	έχω ξεφυλλίσει	ξεφύλλισε, -ίστε
να/θα ξεχάσω	έχω ξεχάσει	ξέχασε, -άστε
να/θα ξεχωρίσω	έχω ξεχωρίσει	ξεχώρισε, -ίστε
να/θα ξεψυχήσω	έχω ξεψυχήσει	ξεψύχησε, -ήστε

Ενεστώτας	Παρατατικός	Αόριστος
ξημερώνει es dämmert, der Tag bricht an	ξημέρωνε	ξημέρωσε
ξημερώνομαι den Tagesanbruch erleben, aufstehen	ξημερωνόμουν	ξημερώθηκα
ξοδεύω ausgeben	ξόδευα	ξόδεψα
ξύνομαι sich kratzen	ξυνόμουν	ξύστηκα
ξύνω kratzen, raspeln	έξυνα	έξυσα
ξυπνάω wecken, aufwachen	ξυπνούσα	ξύπνησα
ξυρίζομαι (sich) rasieren	ξυριζόμουν	ξυρίστηκα
ξυρίζω rasieren, sich rasieren lassen	ξύριζα	ξύρισα

Ενεστώτας	Παρατατικός	Αόριστος
οδηγούμαι geführt, begleitet werden	οδηγούμουν	οδηγήθηκα
οδηγώ fahren, führen, anleiten, begleiten	οδηγούσα	οδήγησα
ομορφαίνω schöner werden, verschönern	ομόρφαινα	ομόρφυνα
ονειρεύομαι Träumen	ονειρευόμουν	ονειρεύτηκα
ονομάζομαι heißen, genannt werden	ονομαζόμουν	ονομάστηκα
ονομάζω nennen, benennen	ονόμαζα	ονόμασα
οργίζομαι in Zorn geraten, sich ärgern	οργιζόμουν	οργίστηκα
ορμάω vorstürmen, sich beeilen	ορμούσα	όρμησα
οφείλω schulden, verdanken, sollen	όφειλα	

Υποτακτική αορίστου	Παρακείμενος	Προστακτική
να/θα ξημερώσει	έχει ξημερώσει	
να/θα ξημερωθώ	έχω ξημερωθεί	ξημερώσου, -θείτε
να/θα ξοδέψω	έχω ξοδέψει	ξόδεψε, ξοδέψτε
να/θα ξυστώ	έχω ξυστεί	ξύσου, ξυστείτε
να/θα ξύσω	έχω ξύσει	ξύσε, ξύστε
να/θα ξυπνήσω	έχω ξυπνήσει	ξύπνα, -ήστε
να/θα ξυριστώ	έχω ξυριστεί	ξυρίσου, -στείτε
να/θα ξυρίσω	έχω ξυρίσει	ξύρισε, ξυρίστε

να/θα οδηγηθώ	έχω οδηγηθεί	οδηγήσου, -θείτε
να/θα οδηγήσω	έχω οδηγήσει	οδήγησε, -ήστε
να/θα ομορφύνω	έχω ομορφύνει	ομόρφυνε, -ύνετε
να/θα ονειρευτώ	έχω ονειρευτεί	ονειρέψου, -ευτείτε
να/θα ονομαστώ	έχω ονομαστεί	ονομάσου, -στείτε
να/θα ονομάσω	έχω ονομάσει	ονόμασε, -άστε
να/θα οργιστώ	έχω οργιστεί	οργίσου, -στείτε
να/θα ορμήσω	έχω ορμήσει	όρμησε, ορμήστε
να/θα οφείλω		

Ενεστώτας	Παρατατικός	Αόριστος

Π

Ενεστώτας	Παρατατικός	Αόριστος
παγώνω	πάγωνα	πάγωσα
tiefkühlen, erfrieren, erfrieren lassen		
παθαίνω (U)	πάθαινα	έπαθα
durchmachen, erleiden, leiden		
παιδεύομαι	παιδευόμουν	παιδεύτηκα
sich bemühen, sich anstrengen, sich abquälen		
παιδεύω	παίδευα	παίδεψα
erziehen, bilden, strafen, quälen		
παίζω	έπαιζα	έπαιξα
spielen		
παινευόμαι	παινευόμουν	παινεύτηκα
sich rühmen, sich brüsten		
παινεύω	παίνευα	παίνεψα
loben, rühmen		
παίρνω (U)	έπαιρνα	πήρα
(fort, weg, ein, auf, zu)nehmen, kaufen, erhalten, bekommen, empfangen		
παλεύω	πάλευα	πάλεψα
ringen, kämpfen, sich bemühen um		
παντρεύομαι	παντρευόμουν	παντρεύτηκα
heiraten		
παντρεύω	πάντρευα	πάντρεψα
verheiraten, trauen		
παραγγέλνω (U)	παράγγελνα	παράγγειλα
bestellen, verordnen, befehlen		
παράγω	παρήγα	παρήγαγα
erzeugen, produzieren		
παραδέχομαι	παραδεχόμουν	παραδέχτηκα
annehmen, akzeptieren		
παραθερίζω	παραθέριζα	παραθέρισα
den Sommer verbringen		
παραιτούμαι	παραιτούμουν	παραιτήθηκα
zurücktreten, verzichten		
παρακαλώ	παρακαλούσα	παρακάλεσα
bitten, erbitten		
παρακολουθώ	παρακολουθούσα	παρακολούθησ
jdm. folgen, jdn. verfolgen, beobachten, begleiten, (techn.: warten)		
παραλείπω	παρέλειπα	παρέλειψα
auslassen, weglassen, versäumen		

(U) unregelmäßig

Υποτακτική αορίστου	Παρακείμενος	Προστακτική
να/θα παγώσω	έχω παγώσει	πάγωσε, παγώστε
να/θα πάθω	έχω πάθει	πάθε, πάθετε
να/θα παιδευτώ	έχω παιδευτεί	παιδέψου, -ευτείτε
να/θα παιδέψω	έχω παιδέψει	παίδεψε, παιδέψτε
να/θα παίξω	έχω παίξει	παίξε, παίξτε
να/θα παινευτώ	έχω παινευτεί	παινέψου, -ευτείτε
να/θα παινέψω	έχω παινέψει	παίνεψε, παινέψτε
να/θα πάρω	έχω πάρει	πάρε, πάρτε
να/θα παλέψω	έχω παλέψει	πάλεψε, παλέψτε
να/θα παντρευτώ	έχω παντρευτεί	παντρέψου, -ευτείτε
να/θα παντρέψω	έχω παντρέψει	πάντρεψε, -έψτε
να/θα παραγγείλω	έχω παραγγείλει	παράγγειλε, -είλτε
να/θα παραγάγω	έχω παραγάγει	παράγαγε, -άγετε
να/θα παραδεχτώ	έχω παραδεχτεί	παραδέξου, -χτείτε
να/θα παραθερίσω	έχω παραθερίσει	παραθέρισε, -ίστε
να/θα παραιτηθώ	έχω παραιτηθεί	παραιτήσου, -θείτε
να/θα παρακαλέσω	έχω παρακαλέσει	παρακάλεσε, -έστε
να/θα παρακολουθήσω	έχω παρακολουθήσει	παρακολούθησε παρακολουθήστε
να/θα παραλείψω	έχω παραλείψει	παράλειψε, -είψτε

Ενεστώτας	Παρατατικός	Αόριστος
παραμένω (U) sich aufhalten, verharren	παρέμενα	παρέμεινα
παραμερίζομαι von jdm. verdrängt werden	παραμεριζόμουν	παραμερίστηκα
παραμερίζω beiseitelegen, jdn. verdrängen	παραμέριζα	παραμέρισα
παραξενεύομαι staunen, sich wundern	παραξενευόμουν	παραξενεύτηκα
παραξενεύω erstaunen, wundern	παραξένευα	παραξένεψα
παραπονιέμαι sich beklagen, sich beschweren	παραπονιόμουν	παραπονέθηκα
παρασταίνω + παριστάνω darstellen, aufführen	παράσταινα + παρίστανα	παράστησα + παρέστησα
παρατάω lassen, aufgeben, verzichten	παρατούσα	παράτησα
παρατηρώ betrachten, beobachten, bemerken, jdm. einen Verweis erteilen	παρατηρούσα	παρατήρησα
παρενοχλώ belästigen, stören	παρενοχλούσα	παρενόχλησα
παρεξηγούμαι in Streit geraten	παρεξηγούμουν	παρεξηγήθηκα
παρεξηγώ missverstehen, übel nehmen	παρεξηγούσα	παραξήγησα
παρέχω (U) gewähren, erteilen, geben	παρείχα	
παρουσιάζομαι erscheinen, sich melden, sich vorstellen	παρουσιαζόμουν	παρουσιάστηκα
παρουσιάζω präsentieren, zeigen	παρουσίαζα	παρουσίασα
πατάω betreten, treten auf, aufdrücken, überfahren	πατούσα	πάτησα
πάυω aufhören, beenden	έπαυα	έπαψα
παχαίνω dick machen, zunehmen	πάχαινα	πάχυνα
πάω (siehe πηγαίνω)		
πεθαίνω sterben, töten	πέθαινα	πέθανα

(U) unregelmäßig

Υποτακτική αορίστου	Παρακείμενος	Προστακτική
να/θα παραμείνω	έχω παραμείνει	παράμεινε, -είνετε
να/θα παραμεριστώ	έχω παραμεριστεί	παραμερίσου, -είτε
να/θα παραμερίσω	έχω παραμερίσει	παραμέρισε, -ίστε
να/θα παραξενευτώ	έχω παραξενευτεί	παραξενέψου, -είτε
να/θα παραξενέψω	έχω παραξενέψει	
να/θα παραπονεθώ	έχω παραπονεθεί	παραπονέσου παραπονεθείτε
να/θα παραστήσω	έχω παραστήσει	παράστησε, -στήστε
να/θα παρατήσω	έχω παρατήσει	παράτησε, παρατήστε
να/θα παρατηρήσω	έχω παρατηρήσει	παρατήρησε παρατηρήστε
να/θα παρενοχλήσω	έχω παρενοχλήσει	παρενόχλησε, -ήστε
να/θα παρεξηγηθώ	έχω παρεξηγηθεί	παρεξηγήσου, -θείτε
να/θα παρεξηγήσω	έχω παρεξηγήσει	παρεξήγησε, -ήστε
(να/θα παρέχω)		
να/θα παρουσιαστώ	έχω παρουσιαστεί	παρουσιάσου, -τείτε
να/θα παρουσιάσω	έχω παρουσιάσει	παρουσίασε, -άστε
να/θα πατήσω	έχω πατήσει	πάτησε, πατήστε
να/θα πάψω	έχω πάψει	πάψε, πάψτε
να/θα παχύνω	έχω παχύνει	πάχυνε, παχύνετε
να/θα πεθάνω	έχω πεθάνει	πέθανε, πεθάνετε

Ενεστώτας	Παρατατικός	Αόριστος
πεινάω	πεινούσα	πείνασα
Hunger haben, hungern		
πειράζομαι	πειραζόμουν	πειράχτηκα
sich ärgern, beleidigt sein		
πειράζω	πείραζα	πείραξα
jdn. ärgern, necken, stören, beleidigen		
περιγράφω	περιέγραφα	περιέγραψα
beschreiben, umschreiben		
περιμένω	περίμενα	περίμενα
warten, erwarten		
περιποιούμαι	περιποιόμουν	περιποιήθηκα
pflegen, behandeln		
περισσεύω	περίσσευα	περίσσεψα
übrigbleiben, überflüssig(zählig) sein		
περιστρέφομαι	περιστρεφόμουν	περιστράφηκα
sich im Kreise drehen, sich drehen, sich umdrehen		
περιστρέφω	περιέστρεφα	περιέστρεψα
drehen, umdrehen, herumdrehen		
περιφρονούμαι	περιφρονούμουν	περιφρονήθηκα
verachtet werden		
περιφρονώ	περιφρονούσα	περιφρόνησα
verachten, geringschätzen		
περνάω (U)	περνούσα	πέρασα
(vorbei, vorüber)gehen, durchgehen, verbringen, überschreiten, überholen		
περπατάω	περπατούσα	περπάτησα
gehen, spazieren gehen, wandern		
πετάω	πετούσα	πέταξα
werfen, schmeißen, fliegen		
πετιέμαι	πετιόμουν	πετάχτηκα
(hinaus)stürzen, springen, eilen, dazwischen reden		
πετυχαίνω (επιτυχαίνω) (U)	πετύχαινα	πέτυχα
treffen, erreichen, erzielen, Erfolg haben, gelingen		
πέφτω	έπεφτα	έπεσα
fallen, stürzen, zufallen		
πηγαίνω (U)	πήγαινα	πήγα
gehen, passen, fahren, hinbringen		
πηδάω	πηδούσα	πήδησα
springen, hüpfen		
πήζω	έπηζα	έπηξα
dick oder steif werden, hart machen		
πιάνομαι	πιανόμουν	πιάστηκα
sich (fest)halten, in Streit geraten, hängen bleiben, gelähmt werden		

Υποτακτική αορίστου	Παρακείμενος	Προστακτική
να/θα πεινάσω	έχω πεινάσει	πείνασε, -άστε
να/θα πειραχτώ	έχω πειραχτεί	πειράξου, -χτείτε
να/θα πειράξω	έχω πειράξει	πείραξε, πειράξτε
να/θα περιγράψω	έχω περιγράψει	περίγραψε, -άψτε
να/θα περιμένω	έχω περιμένει	περίμενε, -ένετε
να/θα περιποιηθώ	έχω περιποιηθεί	περιποιήσου, -θείτε
να/θα περισσέψω	έχω περισσέψει	περίσσεψε, -έψτε
να/θα περιστραφώ	έχω περιστραφεί	περιστρέψου, περιστραφείτε
να/θα περιστρέψω	έχω περιστρέψει	περίστρεψε, -έψτε
να/θα περιφρονηθώ	έχω περιφρονηθεί	περιφρονήσου, -θείτε
να/θα περιφρονήσω	έχω περιφρονήσει	περιφρόνησε, -ήστε
να/θα περάσω	έχω περάσει	πέρασε, -άστε
να/θα περπατήσω	έχω περπατήσει	περπάτησε,- ήστε
να/θα πετάξω	έχω πετάξει	πέταξε, -άξτε
να/θα πεταχτώ	έχω πεταχτεί	πετάξου, -χτείτε
να/θα πετύχω	έχω πετύχει	πέτυχε, πετύχετε
να/θα πέσω	έχω πέσει	πέσε, πέσετε
να/θα πάω	έχω πάει	πήγαινε, -αίνετε
να/θα πηδήσω	έχω πηδήσει	πήδησε, -ήστε
να/θα πήξω	έχω πήξει	πήξε, πήξτε
να/θα πιαστώ	έχω πιαστεί	πιάσου, πιαστείτε

Ενεστώτας	Παρατατικός	Αόριστος
πιάνω	έπιανα	έπιασα
fassen, packen, (er)greifen, fangen, festnehmen, ertappen, anlegen		
πιέζομαι	πιεζόμουν	πιέστηκα
sich unter Druck setzen		
πιέζω	πίεζα	πίεσα
drücken, drängen, zwängen, pressen		
πικραίνομαι	πικραινόμουν	πικράθηκα
sich ärgern, verbittern, betrübt sein		
πικραίνω	πίκραινα	πίκρανα
bitter machen, kränken, betrüben		
πίνω (U)	έπινα	ήπια
trinken, sich betrinken		
πιστεύω	πίστευα	πίστεψα
glauben, trauen, denken		
πλαγιάζω	πλάγιαζα	πλάγιασα
(sich) hinlegen, schräg liegen		
πλάθομαι	πλαθόμουν	πλάστηκα
geformt werden, geknetet werden		
πλάθω	έπλαθα	έπλασα
schaffen, formen, kneten, erfinden		
πλανεύω	πλάνευα	πλάνεψα
täuschen, betrügen, verführen		
πλανιέμαι	πλανιόμουν	πλανήθηκα
sich (ver)irren, sich täuschen		
πλένομαι	πλενόμουν	πλύθηκα
sich waschen		
πλένω (U)	έπλενα	έπλυνα
waschen, abwaschen		
πληγώνομαι	πληγωνόμουν	πληγώθηκα
verletzt werden		
πληγώνω	πλήγωνα	πλήγωσα
verletzen, verwunden		
πλημμυρίζω	πλημμύριζα	πλημμύρισα
über(schwemmen, -fluten) -strömen		
πληροφορούμαι	πληροφορούμουν	πληροφορήθηκ
sich erkundigen, erfahren, mitgeteilt bekommen		
πληροφορώ	πληροφορούσα	πληροφόρησα
benachrichtigen, Auskunft geben, mitteilen, informieren		
πληρώνομαι	πληρωνόμουν	πληρώθηκα
bezahlt werden		
πληρώνω	πλήρωνα	πλήρωσα
bezahlen, vergelten		

(U) unregelmäßig

Υποτακτική αορίστου	Παρακείμενος	Προστακτική
να/θα πιάσω	έχω πιάσει	πιάσε, πιάστε
να/θα πιεστώ	έχω πιεστεί	πιέσου, πιεστείτε
να/θα πιέσω	έχω πιέσει	πίεσε, πιέστε
να/θα πικραθώ	έχω πικραθεί	πικράσου, -θείτε
να/θα πικράνω	έχω πικράνει	πίκρανε, -άνετε
να/θα πιώ	έχω πιεί	πιές, πιείτε
να/θα πιστέψω	έχω πιστέψει	πίστεψε, -έψτε
να/θα πλαγιάσω	έχω πλαγιάσει	πλάγιασε, πλαγιάστε
να/θα πλαστώ	έχω πλαστεί	πλάσου, πλαστείτε
να/θα πλάσω	έχω πλάσει	πλάσε, πλάστε
να/θα πλανέψω	έχω πλανέψει	πλάνεψε, πλανέψτε
να/θα πλανηθώ	έχω πλανηθεί	πλανήσου, -ηθείτε
να/θα πλυθώ	έχω πλυθεί	πλύσου, πλυθείτε
να/θα πλύνω	έχω πλύνει	πλύνε, πλύνετε
να/θα πληγωθώ	έχω πληγωθεί	πληγώσου, -θείτε
να/θα πληγώσω	έχω πληγώσει	πλήγωσε, πληγώστε
να/θα πλημμυρίσω	έχω πλημμυρίσει	πλημμύρισε, -ίστε
να/θα πληροφορηθώ	έχω πληροφορηθεί	πληροφορήσου πληροφορηθείτε
να/θα πληροφορήσω	έχω πληροφορήσει	πληροφόρησε, πληροφορήστε
να/θα πληρωθώ	έχω πληρωθεί	πληρώσου, -θείτε
να/θα πληρώσω	έχω πληρώσει	πλήρωσε, -ώστε

Ενεστώτας	Παρατατικός	Αόριστος
πλησιάζω näher kommen, sich nahen	πλησίαζα	πλησίασα
πλήττω schlagen, treffen, sich langweilen	έπληττα	έπληξα
πνίγομαι ertrinken, ersticken, untergehen	πνιγόμουν	πνίγηκα
πνίγω ersticken, erwürgen, ertränken	έπνιγα	έπνιξα
πολεμάω kämpfen, streiten, bekriegen	πολεμούσα	πολέμησα
πονάω weh tun, sich sehnen, schmerzen	πονούσα	πόνεσα
ποτίζομαι begossen werden	ποτιζόμουν	ποτίστηκα
ποτίζω gießen, wässern	πότιζα	πότισα
πουλάω verkaufen	πουλούσα	πούλησα
πουλιέμαι verkauft werden	πουλιόμουν	πουλήθηκα
πρέπει es muss, es ist nötig	έπρεπε	
πρήζομαι (auf, an)schwellen, sich aufblähen	πρηζόμουν	πρήστηκα
πρήζω aufblähen, anschwellen lassen	έπρηζα	έπρηξα
προβάρω anprobieren	πρόβαρα	πρόβαρα
προβλέπω vorhersehen, Vorsorge treffen	πρόβλεπα	πρόβλεψα
προδίνομαι (προδίδομαι) sich verraten	προδινόμουν (προδιδόμουν)	προδόθηκα
προδίνω (προδίδω) (U) verraten	πρόδινα (πρόδιδα)	πρόδωσα
προετοιμάζω vorbereiten, zurichten	προετοίμαζα	προετοίμασα
προειδοποιώ vorher benachrichtigen, warnen, mahnen	προειδοποιούσα	προειδοποίησα
προλαβαίνω (U) einholen, erreichen, vorbeugen, dazu kommen, schaffen	προλάβαινα	πρόλαβα

(U) unregelmäßig

Υποτακτική αορίστου	Παρακείμενος	Προστακτική
να/θα πλησιάσω	έχω πλησιάσει	πλησίασε, -άστε
να/θα πλήξω	έχω πλήξει	πλήξε, πλήξτε
να/θα πνιγώ	έχω πνιγεί	πνίξου, πνιγείτε
να/θα πνίξω	έχω πνίξει	πνίξε, πνίξτε
να/θα πολεμήσω	έχω πολεμήσει	πολέμησε, -ήστε
να/θα πονέσω	έχω πονέσει	πόνεσε, -έστε
να/θα ποτιστώ	έχω ποτιστεί	ποτίσου, -στείτε
να/θα ποτίσω	έχω ποτίσει	πότισε, ποτίστε
να/θα πουλήσω	έχω πουλήσει	πούλησε, -ήστε
να/θα πουληθώ	έχω πουληθεί	πουλήσου, -θείτε
να/θα πρέπει		
να/θα πρηστώ	έχω πρηστεί	πρήξου, -στείτε
να/θα πρήξω	έχω πρήξει	πρήξε, πρήξτε
να/θα προβάρω	έχω προβάρει	πρόβαρε, -άρτε
να/θα προβλέψω	έχω προβλέψει	πρόβλεψε, -έψτε
να/θα προδοθώ	έχω προδοθεί	προδώσου, -θείτε
να/θα προδώσω	έχω προδώσει	πρόδωσε, -ώστε
να/θα προετοιμάσω	έχω προετοιμάσει	προετοίμασε, -άστε
να/θα προειδοποιήσω	έχω προειδοποιήσει	προειδοποίησε, προειδοποιήστε
να/θα προλάβω	έχω προλάβει	πρόλαβε, -άβετε

Ενεστώτας	Παρατατικός	Αόριστος
πρόκειται es handelt sich	επρόκειτο	
προσβάλλομαι beleidigt sein, betroffen werden	προσβαλλόμουν	προσβλήθηκα
προσβάλλω (U) angreifen, beleidigen, verstoßen	πρόσβαλλα	πρόσβαλα
προσεύχομαι beten	προσευχόμουν	προσευχήθηκα
προσέχω achten, achtgeben, aufmerksam sein	πρόσεχα	πρόσεξα
προσκαλώ einladen	προσκαλούσα	προσκάλεσα
προσλαμβάνω einstellen, engagieren	προσλάμβανα	προσέλαβα
προσπαθώ sich bemühen, sich anstrengen	προσπαθούσα	προσπάθησα
προσπερνάω überholen, überflügeln	προσπερνούσα	προσπέρασα
προστατεύομαι beschützt werden, sich schützen	προστατευόμουν	προστατεύτηκα
προστατεύω beschützen, beschirmen	προστάτευα	προστάτεψα
προσφέρομαι sich erbieten, sich anbieten, sich eignen	προσφερόμουν	προσφέρθηκα
προσφέρω anbieten, darbieten, überreichen	πρόσφερα	
προτείνω vorschlagen, ausstrecken, vorhalten	πρότεινα	
προτιμάω vorziehen, bevorzugen	προτιμούσα	προτίμησα
προφέρω aussprechen	πρόφερα	
προφταίνω jdn. einholen, es schaffen zu, zur rechten Zeit (an)kommen	πρόφταινα	πρόφτασα
προφυλάγομαι (προφυλάσσομαι) sich bewahren, sich schützen	προφυλαγόμουν (προφυλασσόμουν)	προφυλάχτηκα
προφυλά(γ)ω (προφυλάσσω) bewahren, schützen, behüten	προφύλαγα (προφύλασσα)	προφύλαξα
προχωράω vorrücken, weitergehen,fortschreiten	προχωρούσα	προχώρησα

(U) unregelmäßig

Υποτακτική αορίστου	Παρακείμενος	Προστακτική
να/θα προσβληθώ	έχω προσβληθεί	προσβλήσου, -θείτε
να/θα προσβάλω	έχω προσβάλει	πρόσβαλε, -άλτε
να/θα προσευχηθώ	έχω προσευχηθεί	προσευχήσου, προσευχηθείτε
να/θα προσέξω	έχω προσέξει	πρόσεξε, -έξτε
να/θα προσκαλέσω	έχω προσκαλέσει	προσκάλεσε, -έστε
να/θα προσλάβω	έχω προσλάβει	πρόσλαβε, -λάβετε
να/θα προσπαθήσω	έχω προσπαθήσει	προσπάθησε,- ήστε
να/θα προσπεράσω	έχω προσπεράσει	προσπέρασε, -άστε
να/θα προστατευτώ	έχω προστατευτεί	προστατέψου, προστατευτείτε
να/θα προστατέψω	έχω προστατέψει	προστάτεψε, -έψτε
να/θα προσφερθώ	έχω προσφερθεί	προσφέρσου, -θείτε
να/θα προσφέρω	έχω προσφέρει	πρόσφερε, -έρετε
να/θα προτείνω	έχω προτείνει	πρότεινε, -είνετε
να/θα προτιμήσω	έχω προτιμήσει	προτίμησε, -ήστε
ναθα προφέρω	έχω προφέρει	πρόφερε, -έρτε
να/θα προφτάσω	έχω προφτάσει	πρόφτασε, -άστε
να/θα προφυλαχτώ	έχω προφυλαχτεί	προφυλάξου, -χτείτε
να/θα προφυλάξω	έχω προφυλάξει	προφύλαξε, -άξτε
να/θα προχωρήσω	έχω προχωρήσει	προχώρησε, -ήστε

Ρ

Ενεστώτας	Παρατατικός	Αόριστος
ραγίζω Sprünge bekommen	ράγιζα	ράγισα
ραντίζω bespritzen	ράντιζα	ράντισα
ρίχνω werfen, stürzen, eingießen	έριχνα	έριξα
ρουφάω schlürfen,aufsaugen	ρουφούσα	ρούφηξα
ροχαλίζω schnarchen	ροχάλιζα	ροχάλισα
ρυπαίνω verschmutzen	ρύπαινα	ρύπανα
ρωτάω fragen	ρωτούσα	ρώτησα
ρωτιέμαι befragt bzw. gefragt werden	ρωτιόμουν	ρωτήθηκα

Σ

Ενεστώτας	Παρατατικός	Αόριστος
σαπίζω zersetzen, verfaulen	σάπιζα	σάπισα
σαστίζω aus der Fassung bringen	σάστιζα	σάστισα
σβήνω (σβύνω) löschen, ausmachen, stillen	έσβηνα	έσβησα
σέβομαι respektieren, achten	σεβόμουν	σεβάστηκα
σερβίρομαι serviert bekommen	σερβιρόμουν	σερβιρίστηκα
σερβίρω servieren	σέρβιρα	σέρβιρα
σέρνομαι kriechen, gezogen werden	σερνόμουν	σύρθηκα
σέρνω (U) ziehen, schleppen, anführen	έσερνα	έσυρα
σηκώνομαι sich erheben, aufstehen	σηκωνόμουν	σηκώθηκα
σηκώνω heben, wecken, ertragen	σήκωνα	σήκωσα

(U) unregelmäßig

Υποτακτική αορίστου	Παρακείμενος	Προστακτική
να/θα ραγίσω	έχω ραγίσει	ράγισε, ραγίστε
να/θα ραντίσω	έχω ραντίσει	ράντισε, ραντίστε
να/θα ρίξω	έχω ρίξει	ρίξε, ρίξτε
να/θα ρουφήξω	έχω ρουφήξει	ρούφηξε, ρουφήξτε
να/θα ροχαλίσω	έχω ροχαλίσει	ροχάλισε, -ίστε
να/θα ρυπάνω	έχω ρυπάνει	ρύπανε, -άνετε
να/θα ρωτήσω	έχω ρωτήσει	ρώτησε,- ήστε
να/θα ρωτηθώ	έχω ρωτηθεί	ρωτήσου, -θείτε
να/θα σαπίσω	έχω σαπίσει	σάπισε, σαπίστε
να/θα σαστίσω	έχω σαστίσει	σάστισε, -ίστε
να/θα σβήσω	έχω σβήσει	σβήσε, σβήστε
να/θα σεβαστώ	έχω σεβαστεί	σεβάσου, -στείτε
να/θα σερβιριστώ	έχω σερβιριστεί	σερβιρίσου, -στείτε
να/θα σερβίρω	έχω σερβίρει	σέρβιρε, -ίρετε
να/θα συρθώ	έχω συρθεί	σύρσου, -θείτε
να/θα σύρω	έχω σύρει	σύρε, σύρατε
να/θα σηκωθώ	έχω σηκωθεί	σήκω, σηκωθείτε
να/θα σηκώσω	έχω σηκώσει	σήκωσε, σηκώστε

Ενεστώτας	Παρατατικός	Αόριστος
σημαδεύω markieren, kennzeichnen	σημάδευα	σημάδεψα
σημαίνω bedeuten, läuten, heißen	σήμαινα	σήμανα
σημειώνω bezeichnen, anmerken, notieren	σημείωνα	σημείωσα
σιδερώνω bügeln	σιδέρωνα	σιδέρωσα
σιχαίνομαι verabscheuen, sich ekeln	σιχαινόμουν	σιχάθηκα
σιωπώ (σωπαίνω/σιωπαίνω) (still)schweigen, still sein, verschweigen	σιωπούσα (σωπούσα)	σιώπησα (σώπασα)
σκάβω (aus, um)graben, gravieren	έσκαβα	έσκαψα
σκάζω (σκάω) zum Platzen bringen, ersticken, zerspringen, zerplatzen	έσκαζα (έσκαγα)	έσκασα
σκεπάζομαι sich zudecken	σκεπαζόμουν	σκεπάστηκα
σκεπάζω bedecken, decken, verbergen	σκέπαζα	σκέπασα
σκέφτομαι (σκέπτομαι) denken, überlegen	σκεφτόμουν	σκέφτηκα
σκίζομαι sich spalten, sich einsetzen	σκιζόμουν	σκίστηκα
σκίζω και σχίζω spalten, aufreißen	έσκιζα	έσκισα
σκληραίνω härten, verhärten	σκλήραινα	σκλήρυνα
σκοντάφτω stolpern, auf Schwierigkeiten stoßen	σκόνταφτα	σκόνταψα
σκορπίζομαι sich zerstreuen, zerstreut werden	σκορπιζόμουν	σκορπίστηκα
σκορπίζω zerstreuen, verbreiten, vergeuden	σκόρπιζα	σκόρπισα
σκοτεινιάζω dunkel bzw. finster werden	σκοτείνιαζα	σκοτείνιασα
σκοτώνομαι sich umbringen, ums Leben kommen	σκοτωνόμουν	σκοτώθηκα
σκοτώνω umbringen, totschlagen	σκότωνα	σκότωσα

Υποτακτική αορίστου	Παρακείμενος	Προστακτική
να/θα σημαδέψω	έχω σημαδέψει	σημάδεψε, -έψτε
να/θα σημάνω	έχω σημάνει	σήμανε, -άνατε
να/θα σημειώσω	έχω σημειώσει	σημείωσε, -ώστε
να/θα σιδερώσω	έχω σιδερώσει	σιδέρωσε, -ώστε
να/θα σιχαθώ	έχω σιχαθεί	σιχάσου, -θείτε
να/θα σιωπήσω (σωπάσω)	έχω σιωπήσει (σωπάσει)	σιώπησε, -ήστε (σώπα, σωπάστε)
να/θα σκάψω	έχω σκάψει	σκάψε, σκάψτε
να/θα σκάσω	έχω σκάσει	σκάσε, σκάστε
να/θα σκεπαστώ	έχω σκεπαστεί	σκεπάσου, -στείτε
να/θα σκεπάσω	έχω σκεπάσει	σκέπασε, σκεπάστε
να/θα σκεφτώ	έχω σκεφτεί	σκέψου, σκεφτείτε
να/θα σκιστώ	έχω σκιστεί	σκίσου, σκιστείτε
να/θα σκίσω	έχω σκίσει	σκίσε, σκίστε
να/θα σκληρύνω	έχω σκληρύνει	σκλήρυνε, -ύνετε
να/θα σκοντάψω	έχω σκοντάψει	σκόνταψε, -άψτε
να/θα σκορπιστώ	έχω σκορπιστεί	σκορπίσου, -στείτε
να/θα σκορπίσω	έχω σκορπίσει	σκόρπισε, -ίστε
να/θα σκοτεινιάσω	έχω σκοτεινιάσει	σκοτείνιασε, -ιάστε
να/θα σκοτωθώ	έχω σκοτωθεί	σκοτώσου, -θείτε
να/θα σκοτώσω	έχω σκοτώσει	σκότωσε, σκοτώστε

Ενεστώτας	Παρατατικός	Αόριστος
σκουπίζω	σκούπιζα	σκούπισα
kehren, fegen, abwischen		
σκύβω	έσκυβα	έσκυψα
beugen, sich beugen, sich bücken		
σπάζω (σπάω)	έσπαζα	έσπασα
zerbrechen, zerschlagen, zertrümmern		
σπουδάζω	σπούδαζα	σπούδασα
studieren, sich ernsthaft mit etw. beschäftigen		
σπρώχνομαι	σπρωχνόμουν	σπρώχτηκα
sich drängen, geschoben werden		
σπρώχνω	έσπρωχνα	έσπρωξα
(auf)stoßen, drängen, schubsen		
στάζω	έσταζα	έσταξα
tropfen, tröpfeln		
σταματάω	σταματούσα	σταμάτησε
(auf-, an)halten, stillen, hemmen, stoppen		
στεγάζομαι	στεγαζόμουν	στεγάστηκα
untergebracht sein oder werden		
στεγάζω	στέγαζα	στέγασα
unterbringen, unter Dach und Fach bringen		
στεγνώνω	στέγνωνα	στέγνωσα
(ab)trocknen, trocken werden		
στέκομαι (στέκω) (U)	στεκόμουν (έστεκα)	στάθηκα
stehen, stehen bleiben, sich stellen		
στέλνω (U)	έστελνα	έστειλα
schicken, senden		
στενοχωριέμαι	στενοχωριόμουν	στενοχωρήθηκα
in Verlegenheit sein, sich ängstigen, sich beunruhigen, sich Sorgen machen		
στενοχωρώ	στενοχωρούσα	στενοχώρησα
bedrängen, Sorgen machen, beengen		
στερεώνομαι	στερεωνόμουν	στερεώθηκα
befestigt werden		
στερεώνω	στερέωνα	στερέωσα
(be)festigen, bekräftigen		
στήνομαι	στηνόμουν	στήθηκα
sich hinstellen		
στήνω	έστηνα	έστησα
(auf-, hin)stellen, errichten, montieren		
στηρίζομαι	στηριζόμουν	στηρίχτηκα
sich stützen, sich lehnen		
στηρίζω	στήριζα	στήριξα
stützen, basieren auf, (an-, auf)lehnen		

(U) unregelmäßig

Υποτακτική αορίστου	Παρακείμενος	Προστακτική
να/θα σκουπίσω	έχω σκουπίσει	σκούπισε, -ίστε
να/θα σκύψω	έχω σκύψει	σκύψε, σκύψτε
να/θα σπάσω	έχω σπάσει	σπάσε, σπάστε
να/θα σπουδάσω	έχω σπουδάσει	σπούδασε, -άστε
να/θα σπρωχτώ	έχω σπρωχτεί	σπρώξου, -χτείτε
να/θα σπρώξω	έχω σπρώξει	σπρώξε, σπρώξτε
να/θα στάξω	έχω στάξει	στάξε, στάξτε
να/θα σταματήσω	έχω σταματήσει	σταμάτησε,-ήστε σταμάτα, -άτε
να/θα στεγαστώ	έχω στεγαστεί	στεγάσου, -στείτε
να/θα στεγάσω	έχω στεγάσει	στέγασε, στεγάστε
να/θα στεγνώσω	έχω στεγνώσει	στέγνωσε, -ώστε
να/θα σταθώ	έχω σταθεί	στάσου, σταθείτε
να/θα στείλω	έχω στείλει	στείλε, στείλτε
να/θα στενοχωρηθώ	έχω στενοχωρηθεί	στενοχωρήσου, στενοχωρηθείτε
να/θα στενοχωρήσω	έχω στενοχωρήσει	στενοχώρησε, -ήστε
να/θα στερεωθώ	έχω στερεωθεί	στερεώσου, -θείτε
να/θα στερεώσω	έχω στερεώσει	στερέωσε, -ώστε
να/θα στηθώ	έχω στηθεί	στήσου, στηθείτε
να/θα στήσω	έχω στήσει	στήσε, στήστε
να/θα στηριχτώ	έχω στηριχτεί	στηρίξου, -χτείτε
να/θα στηρίξω	έχω στηρίξει	στήριξε, στηρίξτε

Ενεστώτας	Παρατατικός	Αόριστος
στοιχίζω kosten	στοίχιζα	στοίχισα
στολίζομαι sich schmücken	στολιζόμουν	στολίστηκα
στολίζω schmücken, zieren, dekorieren	στόλιζα	στόλισα
στρίβω drehen, nach rechts abbiegen, verrenken	έστριβα	έστριψα
στριμώχνομαι sich drängen, sich hineindrängen	στριμωχνόμουν	στριμώχτηκα
στριμώχνω zusammendrängen, jdn. bedrängen	στρίμωχνα	στρίμωξα
στρώνομαι sich (hin)legen, sich hinstrecken	στρωνόμουν	στρώθηκα
στρώνω legen, aufdecken, ebnen, zurechtmachen	έστρωνα	έστρωσα
στύβω (aus)wringen, auspressen, ausquetschen	έστυβα	έστυψα
συγκινούμαι sich rühren, bewegt, gerührt werden	συγκινούμουν	συγκινήθηκα
συγκινώ bewegen, rühren, erschüttern	συγκινούσα	συγκίνησα
συγυρίζω aufräumen, in Ordung bringen	συγύριζα	συγύρισα
συγχωρούμαι verziehen werden, entschuldigt werden	συγχωρούμουν	συγχωρήθηκα
συγχωρώ verzeihen, vergeben, entschuldigen	συγχωρούσα	συγχώρησα
συμβαίνει geschehen, passieren, zustoßen	συνέβαινε	συνέβη(κε)
συμβουλεύομαι um Rat fragen, sich beraten, einen Arzt konsultieren	συμβουλευόμουν	συμβουλεύτηκα
συμβουλεύω Rat geben, raten, anraten	συμβούλευα	συμβούλεψα
συμμετέχω (U) teilnehmen, sich beteiligen	συμμετείχα	
συμπαθώ jdn. sympathisch finden, Mitgefühl haben	συμπαθούσα	συμπάθησα
συμπεραίνω schließen, folgern	συμπέραινα	συμπέρανα
συμπληρώνω vollenden, ergänzen, nachholen	συμπλήρωνα	συμπλήρωσα

(U) unregelmäßig

Υποτακτική αορίστου	Παρακείμενος	Προστακτική
να/θα στοιχίσω	έχω στοιχίσει	στοίχισε, -ίστε
να/θα στολιστώ	έχω στολιστεί	στολίσου, -στείτε
να/θα στολίσω	έχω στολίσει	στόλισε, στολίστε
να/θα στρίψω	έχω στρίψει	στρίψε, στρίψτε
να/θα στριμωχτώ	έχω στριμωχτεί	στριμώξου, -χτείτε
να/θα στριμώξω	έχω στριμώξει	στρίμωξε, -ώξτε
να/θα στρωθώ	έχω στρωθεί	στρώσου, -θείτε
να/θα στρώσω	έχω στρώσει	στρώσε, στρώστε
να/θα στύψω	έχω στύψει	στύψε, στύψτε
να/θα συγκινηθώ	έχω συγκινηθεί	συγκινήσου, -θείτε
να/θα συγκινήσω	έχω συγκινήσει	συγκίνησε, -ήστε
να/θα συγυρίσω	έχω συγυρίσει	συγύρισε, -ίστε
να/θα συγχωρηθώ	έχω συγχωρηθεί	συγχωρήσου, -θείτε
να/θα συγχωρήσω	έχω συγχωρήσει	συγχώρησε, -ήστε
να/θα συμβεί	έχει συμβεί	
να/θα συμβουλευτώ	έχω συμβουλευτεί	συμβουλέψου, συμβουλευτείτε
να/θα συμβουλέψω	έχω συμβουλέψει	συμβούλεψε, -έψτε
να/θα συμμετάσχω	έχω συμμετάσχει	να συμμετάσχεις να συμμετάσχετε
να/θα συμπαθήσω	έχω συμπαθήσει	συμπάθησε, -ήστε
να/θα συμπεράνω	έχω συμπεράνει	συμπέρανε, -άνετε
να/θα συμπληρώσω	έχω συμπληρώσει	συμπλήρωσε, -ώστε

Ενεστώτας	Παρατατικός	Αόριστος
συμφέρει von Nutzen sein, von Vorteil sein	συνέφερε	
συμφωνώ einverstanden, einstimmig sein, sich einigen	συμφωνούσα	συμφώνησα
συναντάω treffen, begegnen	συναντούσα	συνάντησα
συναντιέμαι sich treffen, zusammenkommen	συναντιόμουν	συναντήθηκα
συνδέομαι sich verknüpfen, verbunden sein	συνδεόμουν	συνδέθηκα
συνδέω verbinden, verknüpfen, zusammenbinden	συνέδεα	συνέδεσα
συνεννοούμαι sich verständigen, einverstanden sein	συνεννοούμουν	συνεννοήθηκα
συνεργάζομαι (mit, zusammen)arbeiten, mitwirken	συνεργαζόμουν	συνεργάστηκα
συνεχίζω fortführen, fortsetzen, fortfahren	συνέχιζα	συνέχισα
συνηθίζεται in Mode sein, vorkommen, üblich sein	συνηθιζόταν	συνηθίστηκε
συνηθίζω sich gewöhnen, jdn. gewöhnen	συνήθιζα	συνήθισα
συνοδεύω begleiten	συνόδευα	συνόδεψα
σφίγγομαι sich einschnüren, sich bemühen	σφιγγόμουν	σφίχτηκα
σφίγγω (zusammen) drücken, pressen, zuschnüren	έσφιγγα	έσφιξα
σφραγίζομαι gestempelt werden, geprägt werden	σφραγιζόμουν	σφραγίστηκα
σφραγίζω stempeln, siegeln, versiegeln, prägen	σφράγιζα	σφράγισα
σφυρίζω pfeifen, zischen	σφύριζα	σφύριξα
σχηματίζομαι sich bilden, sich formen	σχηματιζόμουν	σχηματίστηκα
σχηματίζω bilden, gestalten, formen	σχημάτιζα	σχημάτισα
σώζομαι gerettet werden, erhalten bleiben	σωζόμουν	σώθηκα
σώζω retten, erretten, erlösen, bewahren	έσωζα	έσωσα

Υποτακτική αορίστου	Παρακείμενος	Προστακτική
να/θα συμφωνήσω	έχω συμφωνήσει	συμφώνησε, -ήστε
να/θα συναντήσω	έχω συναντήσει	συνάντησε, -ήστε
να/θα συναντηθώ	έχω συναντηθεί	συναντήσου, -θείτε
να/θα συνδεθώ	έχω συνδεθεί	συνδέσου, -θείτε
να/θα συνδέσω	έχω συνδέσει	σύνδεσε, συνδέστε
να/θα συνεννοηθώ	έχω συνεννοηθεί	συνεννοήσου, -θείτε
να/θα συνεργαστώ	έχω συνεργαστεί	συνεργάσου, -στείτε
να/θα συνεχίσω	έχω συνεχίσει	συνέχισε, -ίστε
να/θα συνηθιστεί	έχει συνηθιστεί	
να/θα συνηθίσω	έχω συνηθίσει	συνήθισε, -ίστε
να/θα συνοδέψω	έχω συνοδέψει	συνόδεψε, -έψτε
να/θα σφιχτώ	έχω σφιχτεί	σφίξου, σφιχτείτε
να/θα σφίξω	έχω σφύξει	σφίξε, σφίξτε
να/θα σφραγιστώ	έχω σφραγιστεί	σφραγίσου, -στείτε
να/θα σφραγίσω	έχω σφραγίσει	σφράγισε, -ίστε
να/θα σφυρίξω	έχω σφυρίξει	σφύριξε, σφυρίξτε
να/θα σχηματιστώ	έχω σχηματιστεί	σχηματίσου, -στείτε
να/θα σχηματίσω	έχω σχηματίσει	σχημάτισε, -ίστε
να/θα σωθώ	έχω σωθεί	σώσου, σωθείτε
να/θα σώσω	έχω σώσει	σώσε, σώστε

Τ

Ενεστώτας	Παρατατικός	Αόριστος
ταΐζω füttern	τάιζα	τάισα
ταιριάζω passen, anpassen	ταίριαζα	ταίριασα
τακτοποιούμαι sich zurechtmachen	τακτοποιούμουν	τακτοποιήθηκα
τακτοποιώ (an)ordnen, erledigen, regeln	τακτοποιούσα	τακτοποίησα
ταλαιπωρούμαι sich quälen, sich plagen, Elend erleiden	ταλαιπωρούμουν	ταλαιπωρήθηκα
ταλαιπωρώ quälen, plagen, strapazieren	ταλαιπωρούσα	ταλαιπώρησα
ταξιδεύω reisen	ταξίδευα	ταξίδεψα
ταράζομαι in Verwirrung, in Unordnung geraten	ταραζόμουν	ταράχτηκα
ταράζω rühren, schütteln, aufwühlen, bewegen	τάραζα	τάραξα
τελειώνω beendigen, vollenden, erledigen, aufhören	τελείωνα	τελείωσα
τεντώνω (an)spannen, (aus)strecken, (aus)dehnen	τέντωνα	τέντωσα
τηγανίζω braten, schmoren	τηγάνιζα	τηγάνισα
τηλεφωνιέμαι miteinander telefonieren	τηλεφωνιόμουν	τηλεφωνήθηκα
τηλεφωνώ telefonieren, anrufen	τηλεφωνούσα	τηλεφώνησα
τιμωρούμαι bestraft werden	τιμωρούμουν	τιμωρήθηκα
τιμωρώ bestrafen, strafen, züchtigen	τιμωρούσα	τιμώρησα
τολμάω wagen	τολμούσα	τόλμησα
τραβάω (an)ziehen, abziehen, leiden, knipsen	τραβούσα	τράβηξα
τραβιέμαι sich zurückziehen, sich zurückhalten	τραβιόμουν	τραβήχτηκα

Υποτακτική αορίστου	Παρακείμενος	Προστακτική
να/θα ταΐσω	έχω ταΐσει	τάϊσε, ταΐστε
να/θα ταιριάσω	έχω ταιριάσει	ταίριασε, -ιάστε
να/θα τακτοποιηθώ	έχω τακτοποιηθεί	τακτοποιήσου,-θείτε
να/θα τακτοποιήσω	έχω τακτοποιήσει	τακτοποίησε, -ήστε
να/θα ταλαιπωρηθώ	έχω ταλαιπωρηθεί	ταλαιπωρήσου, ταλαιπωρηθείτε
να/θα ταλαιπωρήσω	έχω ταλαιπωρήσει	ταλαιπώρησε, -ήστε
να/θα ταξιδέψω	έχω ταξιδέψει	ταξίδεψε, ταξιδέψτε
να/θα ταραχτώ	έχω ταραχτεί	ταράξου, -χτείτε
να/θα ταράξω	έχω ταράξει	τάραξε, ταράξτε
να/θα τελειώσω	έχω τελειώσει	τελείωσε, -ώστε
να/θα τεντώσω	έχω τεντώσει	τέντωσε, -ώστε
να/θα τηγανίσω	έχω τηγανίσει	τηγάνισε, -ίστε
να/θα τηλεφωνηθώ	έχω τηλεφωνηθεί	τηλεφωνήσου,-θείτε
να/θα τηλεφωνήσω	έχω τηλεφωνήσει	τηλεφώνησε, -ήστε
να/θα τιμωρηθώ	έχω τιμωρηθεί	τιμωρήσου, -θείτε
να/θα τιμωρήσω	έχω τιμωρήσει	τιμώρησε, -ήστε
να/θα τολμήσω	έχω τολμήσει	τόλμησε, -ήστε
να/θα τραβήξω	έχω τραβήξει	τράβηξε, -ήξτε
να/θα τραβηχτώ	έχω τραβηχτεί	τραβήξου, -χτείτε

Ενεστώτας	Παρατατικός	Αόριστος
τραγουδάω singen	τραγουδούσα	τραγούδησα
τραυματίζομαι sich verletzen	τραυματιζόμουν	τραυματίστηκα
τραυματίζω verletzen, verwunden	τραυμάτιζα	τραυμάτισα
τρελαίνομαι verrückt werden, wahnsinnig werden	τρελαινόμουν	τρελάθηκα
τρελαίνω verrückt, wahnsinnig machen	τρέλαινα	τρέλανα
τρέμω zittern	έτρεμα	
τρέφομαι (θρέφομαι) sich ernähren	τρεφόμουν (θρεφόμουν)	τράφηκα (θράφηκα)
τρέφω (θρέφω) (er)nähren, mästen	έτρεφα (έθρεφα)	έθρεψα
τρέχω laufen, rennen, hasten, fließen	έτρεχα	έτρεξα
τρίβω reiben, einreiben	έτριβα	έτριψα
τριγυρίζω herumspazieren, umzäunen, um jdn herumschleichen	τριγύριζα	τριγύρισα
τρικλίζω torkeln, taumeln	τρίκλιζα	τρίκλισα
τρομάζω erschrecken, einen Schreck bekommen	τρόμαζα	τρόμαξα
τρώω (τρώγω) (U) essen, fressen (bei Tieren), zerfressen, με τρώει= es juckt mich	έτρωγα	έφαγα
τρώγομαι essbar oder genießbar sein, sich zanken, τρώγεται= es geht so	τρωγόμουν	φαγώθηκα
τσακίζομαι zerbrechen, sich umbringen	τσακιζόμουν	τσακίστηκα
τσακίζω zerbrechen, zerdrücken, falten	τσάκιζα	τσάκισα
τσακώνομαι sich streiten, sich zanken	τσακωνόμουν	τσακώθηκα
τσακώνω fangen, ertappen, erwischen	τσάκωνα	τσάκωσα
τσαλακώνομαι zerknittert werden	τσαλακωνόμουν	τσαλακώθηκα

(U) unregelmäßig

Υποτακτική αορίστου	Παρακείμενος	Προστακτική
να/θα τραγουδήσω	έχω τραγουδήσει	τραγούδησε, -ήστε
να/θα τραυματιστώ	έχω τραυματιστεί	τραυματίσου, τραυματιστείτε
να/θα τραυματίσω	έχω τραυματίσει	τραυμάτισε, -ίστε
να/θα τρελαθώ	έχω τρελαθεί	
να/θα τρελάνω	έχω τρελάνει	τρέλανε, -άνετε
να/θα τρέμω		τρέμε, τρέμετε
να/θα τραφώ (να/θα θραφώ)	έχω τραφεί (έχω θραφεί)	θρέψου, τραφείτε
να/θα θρέψω	έχω θρέψει	θρέψε, θρέψτε
να/θα τρέξω	έχω τρέξει	τρέξε, τρέξτε
να/θα τρίψω	έχω τρίψει	τρίψε, τρίψτε
να/θα τριγυρίσω	έχω τριγυρίσει	τριγύρισε, -ίστε
να/θα τρικλίσω	έχω τρικλίσει	τρίκλισε, -ίστε
να/θα τρομάξω	έχω τρομάξει	τρόμαξε, -άξτε
να/θα φάω	έχω φάει	φάε, φάτε
να/θα φαγωθώ	έχω φαγωθεί	φαγώσου, -θείτε
να/θα τσακιστώ	έχω τσακιστεί	τσακίσου, -στείτε
να/θα τσακίσω	έχω τσακίσει	τσάκισε, τσακίστε
να/θα τσακωθώ	έχω τσακωθεί	να τσακωθείς, -θείτε
να/θα τσακώσω	έχω τσακώσει	τσάκωσε, τσακώστε
να/θα τσαλακωθώ	έχω τσαλακωθεί	τσαλακώσου, -θείτε

Ενεστώτας	Παρατατικός	Αόριστος
τσαλακώνω zerknittern	τσαλάκωνα	τσαλάκωσα
τσιμπάω stechen, kneifen, picken, anbeißen	τσιμπούσα	τσίμπησα
τσουγκρίζω (an, zusammen)stoßen, sich zanken	τσούγκριζα	τσούγκρισα
τυλίγομαι sich einwickeln, sich winden, sich rollen	τυλιγόμουν	τυλίχτηκα
τυλίγω einwickeln, einpacken, einrollen, verwickeln	τύλιγα	τύλιξα
τυπώνω drucken, drucken lassen, einprägen	τύπωνα	τύπωσα
τυχαίνω erreichen, zufällig sein, erlangen	τύχαινα	έτυχα

Ενεστώτας	Παρατατικός	Αόριστος
υιοθετώ adoptieren, annehmen	υιοθετούσα	υιοθέτησα
υπάρχω existieren, vorhanden, sein, leben	υπήρχα	υπήρξα
υπερασπίζομαι sich verteidigen	υπερασπιζόμουν	υπερασπίστηκα
υπερασπίζω verteidigen, in Schutz nehmen	υπεράσπιζα	υπεράσπισα
υπερβάλλω (U) übertreiben	υπερέβαλλα	υπέρβαλα
υποβάλλω (U) (vor, unter)legen, einreichen, soufflieren	υπέβαλλα	υπέβαλα
υπογραμμίζω unterstreichen	υπογράμμιζα	υπογράμμισα
υπογράφω unterschreiben, unterzeichnen	υπόγραφα	υπόγραψα
υποδέχομαι empfangen, aufnehmen	υποδεχόμουν	υποδέχτηκα
υποθέτω annehmen, vermuten	υπέθετα	υπέθεσα
υπολογίζω berechnen	υπολόγιζα	υπολόγισα
υπομένω (U) aushalten, ertragen	υπόμενα (υπέμενα)	υπόμεινα (υπέμ

(U) unregelmäßig

Υποτακτική αορίστου	Παρακείμενος	Προστακτική
να/θα τσαλακώσω	έχω τσαλακώσει	τσαλάκωσε, -ώστε
να/θα τσιμπήσω	έχω τσιμπήσει	τσίμπησε, -ήστε
να/θα τσουγκρίσω	έχω τσουγκρίσει	τσούγκρισε -ήστε
να/θα τυλιχτώ	έχω τυλιχτεί	τυλίξου, τυλιχτείτε
να/θα τυλίξω	έχω τυλίξει	τύλιξε, τυλίξτε
να/θα τυπώσω	έχω τυπώσει	τύπωσε, τυπώστε
να/θα τύχω	έχω τύχει	τύχε, τύχετε τύγχανε, άνατε
να/θα υιοθετήσω	έχω υιοθετήσει	υιοθέτησε, -τήστε
να/θα υπάρξω	έχω υπάρξει	να υπάρξεις, υπάρξετε (να είσαι, να είστε)
να/θα υπερασπιστώ	έχω υπερασπιστεί	υπερασπίσου, υπερασπιστείτε
να/θα υπερασπίσω	έχω υπερασπίσει	υπεράσπισε, -ίστε
να/θα υπερβάλω	έχω υπερβάλει	υπέρβαλε, -άλτε
να/θα υποβάλω	έχω υποβάλει	υπόβαλε, υποβάλτε
να/θα υπογραμμίσω	έψ υπογραμμίσει	υπογράμμισε, -ίστε
να/θα υπογράψω	έχω υπογράψει	υπόγραψε, -άψτε
να/θα υποδεχτώ	έχω υποδεχτεί	υποδέξου, -χτείτε
να/θα υποθέσω	έχω υποθέσει	υπόθεσε, -έστε
να/θα υπολογίσω	έχω υπολογίσει	Υπολόγισε, -ίστε
να/θα υπομείνω	έχω υπομείνει	υπόμεινε, υπομείνετε

Ενεστώτας	Παρατατικός	Αόριστος
υποπτεύομαι	υποπτευόμουν	υποπτεύτηκα
verdächtigen		
υποστηρίζομαι	υποστηριζόμουν	υποστηρίχτηκα
unterstützt, gestützt werden		
υποστηρίζω	υποστήριζα	υποστήριξα
stützen, unterstützen, behaupten		
υπόσχομαι	υποσχόμουν	υποσχέθηκα
versprechen, zusagen, sich verpflichten		
υποτιμώ	υποτιμούσα	υποτίμησα
unterschätzen, abwerten		
υποφέρω (U)	υπόφερα (υπέφερα)	
ertragen, aushalten, leiden, ertragen		
υποχρεώνομαι	υποχρεωνόμουν	υποχρεώθηκα
sich verpflichten, sich verbindlich machen		
υποχρεώνω	υποχρέωνα	υποχρέωσα
zwingen, verpflichten, jdn. zu Dank verpflichten		
υποχωρώ	υποχωρούσα	υποχώρησα
sich zurückziehen, nachgeben, nachlassen		
υποψιάζομαι	υποψιαζόμουν	υποψιάστηκα
verdächtigen, misstrauen		
υψώνω	ύψωνα	ύψωσα
erheben, anheben, aufrichten		

Ενεστώτας	Παρατατικός	Αόριστος
φαίνομαι (U)	φαινόμουν	φάνηκα
sichtbar sein, scheinen, sich zeigen, erscheinen, aussehen		
φανερώνομαι	φανερωνόμουν	φανερώθηκα
sich zeigen, erscheinen, sich offenbaren, auftauchen		
φανερώνω	φανέρωνα	φανέρωσα
offenbaren, verraten		
φαντάζομαι	φανταζόμουν	φαντάστηκα
sich vorstellen, phantasieren		
φέρνω (U)	έφερνα	έφερα
bringen, tragen, kommen lassen		
φεύγω (U)	έφευγα	έφυγα
weggehen, abfahren, entkommen		
φθάνω (φτάνω)	έφθανα (έφτανα)	έφθασα (έφτασ
ankommen, erreichen, einholen φθάνει=es reicht		
φθείρομαι	φθειρόμουν	φθάρθηκα
sich schädigen, sich verderben		

Υποτακτική αορίστου	Παρακείμενος	Προστακτική
να/θα υποπτευτώ	έχω υποπτευτεί	υποπτεύσου, -τείτε
να/θα υποστηριχτώ	έχω υποστηριχτεί	υποστηρίξου,-χτείτε
να/θα υποστηρίξω	έχω υποστηρίξει	υποστήριξε, -ίξτε
να/θα υποσχεθώ	έχω υποσχεθεί	υποσχέσου, -θείτε
να/θα υποτιμήσω	έχω υποτιμήσει	υποτίμησε, υποτιμήστ
να/θα υποφέρω	έχω υποφέρει	υπόφερε, -έρετε
να/θα υποχρεωθώ	έχω υποχρεωθεί	υποχρεώσου, -θείτε
να/θα υποχρεώσω	έχω υποχρεώσει	υποχρέωσε, -ώστε
να/θα υποχωρήσω	έχω υποχωρήσει	υποχώρησε, -ήστε
να/θα υποψιαστώ	έχω υποψιαστεί	υποψιάσου, -στείτε
να/θα υψώσω	έχω υψώσει	ύψωσε, υψώστε

να/θα φανώ	έχω φανεί	να φανείς, φανείτε
να/θα φανερωθώ	έχω φανερωθεί	φανερώσου, -θείτε
να/θα φανερώσω	έχω φανερώσει	φανέρωσε, -ώστε
να/θα φανταστώ	έχω φανταστεί	φαντάσου, -στείτε
να/θα φέρω	έχω φέρει	φέρε, φέρτε
να/θα φύγω	έχω φύγει	φύγε, φύγετε
να/θα φθάσω (φτάσω)	έχω φθάσει (φτάσει)	φθάσε, φθάστε (φτάσε, φτάστε)
να/θα φθαρώ	έχω φθαρεί	φθάρσου, -ρθείτε

Ενεστώτας	Παρατατικός	Αόριστος
φθείρω verderben, zerstören	έφθειρα	
φιλιέμαι sich küssen	φιλιόμουν	φιλήθηκα
φιλοξενούμαι gastfreundlich aufgenommen werden	φιλοξενούμουν	φιλοξενήθηκα
φιλοξενώ gastfreundlich aufnehmen, bewirten	φιλοξενούσα	φιλοξένησα
φιλώ (φιλάω) küssen	φιλούσα	φίλησα
φλυαρώ schwätzen, klatschen	φλυαρούσα	φλυάρησα
φοβάμαι (φοβούμαι) (be)fürchten, sich fürchten, Angst haben	φοβόμουν	φοβήθηκα
φοβερίζω jdm. drohen, einschüchtern	φοβέριζα	φοβέρισα
φοβίζω erschrecken, in Schrecken versetzen	φόβιζα	φόβισα
φοράω tragen, anhaben, anziehen	φορούσα	φόρεσα
φορτώνω laden, beladen, aufladen	φόρτωνα	φόρτωσα
φουντώνω wuchern, wüten	φούντωνα	φούντωσα
φουσκώνω aufblasen, schwellen	φούσκωνα	φούσκωσα
φράζω sperren, verstopfen	έφραζα	έφραξα
φροντίζω sorgen, sich kümmern, in Unruhe sein	φρόντιζα	φρόντισα
φταίω schuldig sein	έφταιγα	έφταιξα
φτερνίζομαι (φταρνίζομαι) niesen	φτερνιζόμουν (φταρνιζόμουν)	φτερνίστηκα (φταρνίστηκα)
φτιάχνω machen, anfertigen	έφτιαχνα	έφτιαξα
φτύνω (aus)spucken	έφτυνα	έφτυσα
φτωχαίνω arm werden, verarmen	φτώχαινα	φτώχυνα

Υποτακτική αορίστου	Παρακείμενος	Προστακτική
να/θα φθείρω	έχω φθείρει	φθείρε, φθείρερε
να/θα φιληθώ	έχω φιληθεί	φιλήσου, -θείτε
να/θα φιλοξενηθώ	έχω φιλοξενηθεί	φιλοξενήσου, -θείτε
να/θα φιλοξενήσω	έχω φιλοξενήσει	φιλοξένησε, ήστε
να/θα φιλήσω	έχω φιλήσει	φίλησε, -ήστε
να/θα φλυαρήσω	έχω φλυαρήσει	φλυάρησε, -ήστε
να/θα φοβηθώ	έχω φοβηθεί	να φοβηθείς, -θείτε
να/θα φοβερίσω	έχω φοβερίσει	φοβέρισε, -ίστε
να/θα φοβίσω	έχω φοβίσει	φόβισε, φοβίστε
να/θα φορέσω	έχω φορέσει	φόρεσε, φορέστε
να/θα φορτώσω	έχω φορτώσει	φόρτωσε, -ώστε
να/θα φουντώσω	έχω φουντώσει	φούντωσε, -ώστε
να/θα φουσκώσω	έχω φουσκώσει	φούσκωσε, -ώστε
να/θα φράξω	έχω φράξει	φράξε, φράξτε
να/θα φροντίσω	έχω φροντίσει	φρόντισε, -ίστε
να/θα φταίξω	έχω φταίξει	φταίξε, φταίξτε
να/θα φτερνιστώ (φταρνιστώ)	έχω φτερνιστεί (φταρνιστεί)	φτερνίσου, -ιστείτε (φταρνίσου, -ιστείτε)
να/θα φτιάξω	έχω φτιάξει	φτιάξε, φτιάξτε
να/θα φτύσω	έχω φτύσει	φτύσε, φτύστε
να/θα φτωχύνω	έχω φτωχύνει	φτώχυνε, -ύνετε

Ενεστώτας	Παρατατικός	Αόριστος
φυλάγομαι	φυλαγόμουν	φυλάχτηκα
sich hüten, Acht haben		
φυλά(γ)ω	φύλαγα	φύλαξα
bewahren, bewachen, aufheben, hüten, beobachten, befolgen		
φυσάω	φυσούσα	φύσηξα
blasen, wehen, pusten, Nase putzen		
φυτεύω	φύτευα	φύτεψα
pflanzen		
φυτρώνω	φύτρωνα	φύτρωσα
keimen, ausschlagen, auswachsen		
φωνάζω	φώναζα	φώναξα
rufen, schreien, schimpfen, laut sprechen		
φωτίζομαι	φωτιζόμουν	φωτίστηκα
beleuchtet sein		
φωτίζω	φώτιζα	φώτισα
beleuchten, leuchten, hell machen, aufklären		

Ενεστώτας	Παρατατικός	Αόριστος
χαζεύω	χάζευα	χάζεψα
zerstreut sein, gaffen, herumbummeln		
χαϊδεύομαι	χαϊδευόμουν	χαϊδεύτηκα
sich zieren, sich musen		
χαϊδεύω	χάιδευα	χάιδεψα
streicheln, verwöhnen		
χαιρετάω	χαιρετούσα	χαιρέτησα
(be)grüßen, Glück wünschen		
χαίρομαι	χαιρόμουν	χάρηκα
genießen, sich freuen an, sich freuen		
χαλάω	χαλούσα	χάλασα
verderben, verwüsten, kaputt machen		
χαμηλώνω	χαμήλωνα	χαμήλωσα
niedriger machen, senken		
χάνομαι	χανόμουν	χάθηκα
verloren gehen, sich verlieren		
χάνω	έχανα	έχασα
verlieren, umkommen, verpassen		
χαράζω	χάραζα	χάραξα
(ein) gravieren, (Papier) linieren		
χαρίζω	χάριζα	χάρισα
schenken, beschenken, bescheren		

Υποτακτική αορίστου	Παρακείμενος	Προστακτική
να/θα φυλαχτώ	έχω φυλαχτεί	φυλάξου, -χτείτε
να/θα φυλάξω	έχω φυλάξει	φύλαξε, φυλάξτε
να/θα φυσήξω	έχω φυσήξει	φύσηξε, φυσήξτε
να/θα φυτέψω	έχω φυτέψει	φύτεψε, φυτέψτε
να/θα φυτρώσω	έχω φυτρώσει	φύτρωσε, -ώστε
να/θα φωνάξω	έχω φωνάξει	φώναξε, φωνάξτε
να/θα φωτιστώ	έχω φωτιστεί	φωτίσου, -στείτε
να/θα φωτίσω	έχω φωτίσει	φώτισε, φωτίστε

Υποτακτική αορίστου	Παρακείμενος	Προστακτική
να/θα χαζέψω	έχω χαζέψει	χάζεψε, χαζέψτε
να/θα χαϊδευτώ	έχω χαϊδευτεί	χαϊδέψου, -ευτείτε
να/θα χαϊδέψω	έχω χαϊδέψει	χάιδεψε, χαϊδέψτε
να/θα χαιρετήσω	έχω χαιρετήσει	χαιρέτησε, -ήστε
να/θα χαρώ	έχω χαρεί	να χαρείς, χαρείτε
να/θα χαλάσω	έχω χαλάσει	χάλασε, χαλάστε
να/θα χαμηλώσω	έχω χαμηλώσει	χαμήλωσε, -ώστε
να/θα χαθώ	έχω χαθεί	χάσου, χαθείτε
να/θα χάσω	έχω χάσει	χάσε, χάστε
να/θα χαράξω	έχω χαράξει	χάραξε, χαράξτε
να/θα χαρίσω	έχω χαρίσει	χάρισε, χαρίστε

Ενεστώτας	Παρατατικός	Αόριστος
χασμουριέμαι gähnen	χασμουριόμουν	χασμουρήθηκα
χασομεράω nichts tun, herumbummeln	χασομερούσα	χασομέρησα
χαχανίζω schallend lachen	χαχάνιζα	χαχάνισα
χειροκροτώ (Beifall) klatschen, applaudieren	χειροκροτούσα	χειροκρότησα
χιονίζει es schneit	χιόνιζε	χιόνισε
χοντραίνω dick(er) machen, zunehmen	χόντραινα	χόντρυνα
χορεύω tanzen	χόρευα	χόρεψα
χοροπηδάω herumspringen, tanzen	χοροπηδούσα	χοροπήδησα
χορταίνω satt machen, sich sättigen	χόρταινα	χόρτασα
χρειάζομαι (ge)brauchen, benötigen, nötig sein	χρειαζόμουν	χρειάστηκα
χρησιμεύω dienen, nützlich oder gut sein	χρησίμευα	χρησίμεψα
χρησιμοποιούμαι benutzt werden, ausgebeutet werden	χρησιμοποιούμουν	χρησιμοποιήθη
χρησιμοποιώ benutzen, verwenden, Vorteil (aus etwas) ziehen	χρησιμοποιούσα	χρησιμοποίησα
χρωματίζομαι gefärbt werden	χρωματιζόμουν	χρωματίστηκα
χρωματίζω färben, anstreichen	χρωμάτιζα	χρωμάτισα
χρωστάω (ver)schulden, die Pflicht haben	χρωστούσα	
χτίζομαι erbaut werden	χτιζόμουν	χτίστηκα
χτίζω (er)bauen, errichten, (ein, zu)mauern	έχτιζα	έχτισα
χτυπάω schlagen, anklopfen, angreifen	χτυπούσα	χτύπησα
χύνομαι ablaufen, verrinnen, fließen, sich stürzen	χυνόμουν	χύθηκα
χύνω (ein, aus, weg, ver)gießen, schütten	έχυνα	έχυσα

Υποτακτική αορίστου	Παρακείμενος	Προστακτική
να/θα χασμουρηθώ	έχω χασμουρηθεί	χασμουρήσου,-θείτε
να/θα χασομερήσω	έχω χασομερήσει	χασομέρησε, -ήστε
να/θα χαχανίσω	έχω χαχανίσει	χαχάνισε, ίστε
να/θα χειροκροτήσω	έχω χειροκροτήσει	χειροκρότησε, χειροκροτήστε
να/θα χιονίσει	έχω χιονίσει	ας χιονίσει
να/θα χοντρύνω	έχω χοντρύνει	χόντρυνε, -ύνετε
να/θα χορέψω	έχω χορέψει	χόρεψε, χορέψτε
να/θα χοροπηδήσω	έχω χοροπηδήσει	χοροπήδησε, -ήστε
να/θα χορτάσω	έχω χορτάσει	χόρτασε, χορτάστε
να/θα χρειαστώ	έχω χρειαστεί	χρειάσου, -είστε
να/θα χρησιμέψω	έχω χρησιμέψει	χρησίμεψε, έψτε
να/θα χρησιμοποιηθώ	έχω χρησιμοποιηθεί	χρησιμοποιήσου χρησιμοποιηθείτε
να/θα χρησιμοποιήσω	έχω χρησιμοποιήσει	χρησιμοποίησε χρησιμοποιήστε
να/θα χρωματιστώ	έχω χρωματιστεί	χρωματίσου, -στείτε
να/θα χρωματίσω	έχω χρωματίσει	χρωμάτισε, -ίστε
να/θα χρωστάω		χρώστα, χρωστάτε
να/θα χτιστώ	έχω χτιστεί	χτίσου, χτιστείτε
να/θα χτίσω	έχω χτίσει	χτίσε, χτίστε
να/θα χτυπήσω	έχω χτυπήσει	χτύπησε, χτυπήστε
να/θα χυθώ	έχω χυθεί	χύσου, χυθείτε
να/θα χύσω	έχω χύσει	χύσε, χύστε

Ενεστώτας	Παρατατικός	Αόριστος
χωνεύω verdauen, ausstehen können (fig.)	χώνευα	χώνεψα
χώνομαι sich (hinein)drängen, stecken bleiben, einschleichen, sich einmischen	χωνόμουν	χώθηκα
χώνω (hinein)stecken od. schieben, vergraben, begraben	έχωνα	έχωσα
χωράω fassen, Platz haben oder finden	χωρούσα	χώρεσα
χωρίζομαι sich trennen, sich scheiden, sich absondern	χωριζόμουν	χωρίστηκα
χωρίζω trennen, scheiden, absondern, teilen	χώριζα	χώρισα

Ενεστώτας	Παρατατικός	Αόριστος
ψαρεύομαι gefischt werden, ausgefragt werden	ψαρευόμουν	ψαρεύτηκα
ψαρεύω fischen, aushorchen (fig.)	ψάρευα	ψάρεψα
ψέλνω (ψάλλω) (U) singen, besingen (Kirche)	έψελνα (έψαλλα)	έψαλα
ψάχνομαι gesucht, durchsucht werden	ψαχνόμουν	ψάχτηκα
ψάχνω (durch)suchen, absuchen, wühlen	έψαχνα	έψαξα
ψηλώνω errichten, größer werden, wachsen	ψήλωνα	ψήλωσα
ψήνομαι brennen, glühen, reifen(fig.)	ψηνόμουν	ψήθηκα
ψήνω brennen, backen	έψηνα	έψησα
ψηφίζομαι gewählt werden, verabschiedet werden	ψηφιζόμουν	ψηφίστηκα
ψηφίζω die Stimme abgeben, beschließen	ψήφιζα	ψήφισα
ψιθυρίζω flüstern, murmeln, zischen	ψιθύριζα	ψιθύρισα
ψοφάω sterben (Tiere), verrecken, krepieren	ψοφούσα	ψόφησα
ψυχαγωγούμαι unterhalten werden	ψυχαγωγούμουν	ψυχαγωγήθηκα

(U) unregelmäßig

Υποτακτική αορίστου	Παρακείμενος	Προστακτική
να/θα χωνέψω	έχω χωνέψει	χώνεψε, χωνέψτε
να/θα χωθώ	έχω χωθεί	χώσου, χωθείτε
να/θα χώσω	έχω χώσει	χώσε, χώστε
να/θα χωρέσω	έχω χωρέσει	χώρεσε, χωρέστε
να/θα χωριστώ	έχω χωριστεί	χωρίσου, -στείτε
να/θα χωρίσω	έχω χωρίσει	χώρισε, χωρίστε

να/θα ψαρευτώ	έχω ψαρευτεί	ψαρέψου, -ευτείτε
να/θα ψαρέψω	έχω ψαρέψει	ψάρεψε, ψαρέψτε
να/θα ψάλω	έχω ψάλει	ψάλε, ψάλτε
να/θα ψαχτώ	έχω ψαχτεί	ψάξου, ψαχτείτε
να/θα ψάξω	έχω ψάξει	ψάξε, ψάξτε
να/θα ψηλώσω	έχω ψηλώσει	ψήλωσε, -ώστε
να/θα ψηθώ	έχω ψηθεί	ψήσου, ψηθείτε
να/θα ψήσω	έχω ψήσει	ψήσε, ψήστε
να/θα ψηφιστώ	έχω ψηφιστεί	ψηφίσου, -στείτε
να/θα ψηφίσω	έχω ψηφίσει	ψήφισε, ψηφίστε
να/θα ψιθυρίσω	έχω ψιθυρίσει	ψιθύρισε, -ίστε
να/θα ψοφήσω	έχω ψοφήσει	ψόφησε, ψοφήστε
να/θα ψυχαγωγηθώ	έχω ψυχαγωγηθεί	ψυχαγωγήσου, ψυχαγωγηθείτε

Ενεστώτας	Παρατατικός	Αόριστος
ψυχαγωγώ Vergnügen bereiten, unterhalten, belustigen	ψυχαγωγούσα	ψυχαγώγησα
ψυχαλίζει es nieselt	ψυχάλιζε	ψυχάλισε
ψυχραίνομαι kühl werden, gleichgültig werden	ψυχραινόμουν	ψυχράθηκα
ψυχραίνω (ab)kühlen, kalt werden lassen	ψύχραινα	ψύχρανα
ψωνίζω einkaufen	ψώνιζα	ψώνισα

Υποτακτική αορίστου	Παρακείμενος	Προστακτική
να/θα ψυχαγωγήσω	έχω ψυχαγωγήσει	ψυχαγώγησε, -ήστε
να/θα ψυχαλίσει	έχει ψυχαλίσει	
να/θα ψυχραθώ	έχω ψυχραθεί	ψυχράσου, -θείτε
να/θα ψυχράνω	έχω ψυχράνει	ψύχρανε, -άνατε
να/θα ψωνίσω	έχω ψωνίσει	ψώνισε, ψωνίστε

Danksagung

Das vorliegende Lehrwerk wäre ohne den inspirierenden Austausch mit meinem Mann, Prof. Dr. Norbert Rehrmann, nicht entstanden. Er, der seine Griechischkenntnisse zeitlebens zu vertiefen suchte, war nicht nur die erste kritische, interessierte und nachfragende Testperson für die Qualität dieses Lernbuches. Er hat mich auch immer wieder motiviert, das Werk abzuschließen.
Ihm gilt mein großer Dank zuallererst.
Von Herzen danken möchte ich auch meinen lieben Freundinnen und Freunden: Sabine Chelmis M.A. für ihre Lektoratstätigkeit und ihre unermüdliche kritische Begleitung, Katja Düster, Klaus Urban und Manolis Leonidakis für ihre wertvollen Anregungen und Korrekturen sowie meiner Patentochter und Philologin Dr. Maria Spyropoulou.

Σημειώσεις

Σημειώσεις